APRENDIENDO VOLEIBOL.

FUNDAMENTOS TÁCTICOS.

Autor:
Elías Candal Bocija

Autor:

Elías Candal Bocija

<u>INDICE</u>

1. Táctica colectiva de los sistemas de recepción ....pág. 4

   - Sistema de recepción en W ....pág. 5

   - Sistema de recepción en Semicírculo ....pág. 11

2. Táctica colectiva de los sistemas de ataque ....pág. 18

   - Sistema de ataque 4-2 ....pág. 18

   - Sistema de ataque 6-2 ....pág. 20

   - Sistema de ataque 5-1 ....pág. 21

   - Variantes: 6-3 ....pág. 23

                 3-3 ....pág. 23

3. Táctica colectiva de los sistemas de apoyos al remate........pág. 26

4. Táctica colectiva de los sistemas de defensa....................pág. 29

   - Sistema defensivo sin bloqueo..............................pág. 29

   - Sistema defensivo con bloqueo de 1 ....pág. 30

   - Sistema defensivo con bloqueo de 2................................pág. 31

   - Sistema defensivo con bloqueo de 3 ....pág. 35

5. Una forma de iniciación. El Minivoleibol..........................pág. 36

6. Los juegos reducidos en el voleibol.

   Su utilización en la iniciación ....pág. 41

7. Bibliografía..pág. 55

1. TÁCTICA COLECTIVA DE LOS SISTEMAS DE RECEPCION.

Recibir el servicio es una técnica crítica en voleibol, que debe dominarse antes de que ningún equipo alcance un alto nivel de juego. Sin la gran precisión del pase que se obtiene, únicamente mediante una recepción efectiva del servicio, no pueden realizarse ataques múltiples o rápidos. La buena recepción del servicio requiere un sistema de responsabilidades que se obtiene principalmente mediante un movimiento sincronizado y la comunicación entre los seis jugadores que permanecen en la pista. El prerrequisito para cualquier sistema de esta clase, sin embargo, es el dominio de las técnicas individuales necesarias. Estas técnicas incluyen el movimiento rápido hacia la pelota (anticipación) combinando con la técnica apropiada (eficacia), llevadas a término ambas mientras se sigue a un objeto móvil (la pelota) que está sujeto a cambios de dirección y de velocidad repentinos. Además de la dificultad de la técnica, el pase que resulta de la recepción del servicio debe controlarse y dirigirse hacia un área concreta de la pista por lo menos un 80% de las veces. A medida que el nivel de juego en voleibol se eleva, los servicios aumentan en dificultad y la zona elegida como objetivo disminuye en precisión

La recepción efectiva del servicio comienza al asumir cada jugador la posición de preparado apropiada, el movimiento adecuado durante y después del contacto, pase lateral preciso, buen entrenamiento y trabajo de equipo. Estos componentes de recepción de servicio efectiva son los puntos de organización de este capítulo.

La defensa es una de las partes más importantes dentro del voleibol, puesto que además de anotar puntos defensivos (un equipo normal logra anotar entre 3 y 5 puntos por juego en la defensa de suelo), la defensa puede cambiar o mantener el impulso en beneficio del equipo (un rescate de pelota puede inspirar a un equipo, mientras que un error puede tener el efecto contrario).

Para ser un buen defensa se deben poseer tres requisitos imprescindibles: actitud apropiada, comprensión táctica y comunicación efectiva.

Puesto que la defensa se realiza antes de que la pelota sea sacada, es necesario enseñar detenidamente diversos aspectos esenciales como:

- Las distintas formaciones defensivas (defensa con el jugador atrasado, con el jugador adelantado y la defensa rotacional).
- Los distintos principios de juego con ayuda disponible (principios de persecución y transmisión).

En voleibol se varían mucho las formaciones de recepción, bien para esconder los puntos débiles de tu equipo o para realizar un ataque rápido. Pero el factor más condicionante en la elección de un sistema defensivo, es la capacidad de nuestro equipo para cubrir eficazmente toda la pista, además de poner al colocador en la zona deseada con la suficiente rapidez (penetración).

- <u>Sistema de recepción en W.</u>

Esta formación defensiva del servicio es una de las más seguras y versátiles para la mayoría de los equipos. En ella se sitúan cinco pasadores para cubrir toda la pista, sin considerar si son líneas avanzadas o posteriores.

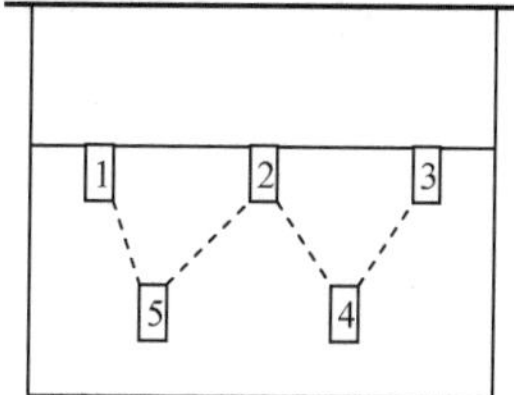

El equipo ha de situarse teniendo en cuenta la posición que ocupa el servidor (los jugadores 1 y 3 deben estar en línea recta con el servidor y la esquina de la pista).

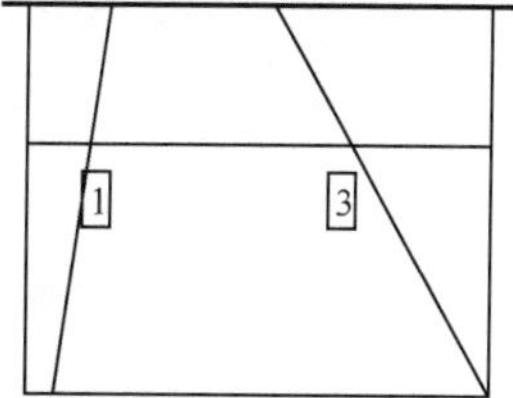

Las zonas sombreadas del dibujo son áreas que reciben un bajo porcentaje de servicios, por lo cual debemos situar en ellas a los pasadores, dejando al resto de los jugadores colocados uniformemente en el resto de la pista.

- **El sistema 4-2:**

La formación en w puede emplearse con los sistemas de ataque 4-2, 5-1 ó 6-2. En el primero el colocador puede estar situado en la red, mientras que los dos jugadores restantes de la parte frontal de la pista pueden alinearse en las posiciones 1, 2 ó 3.

Ej: Si el colocador está en la parte frontal izquierda los rematadores podrán situarse en la formación extendida.

> *Claves para los siguientes diagramas:*
>
> ➜ = *Dirección del jugador después de que la pelota ha sido servida.*
>
> *Fi = Bloqueador frontal izquierdo.*
>
> *Fm = Bloqueador frontal medio.*
>
> *Fd = Bloqueador frontal derecho.*
>
> *Pi = Posterior izquierdo.*
>
> *Pm = Posterior medio.*
>
> *Pd = Posterior derecho.*

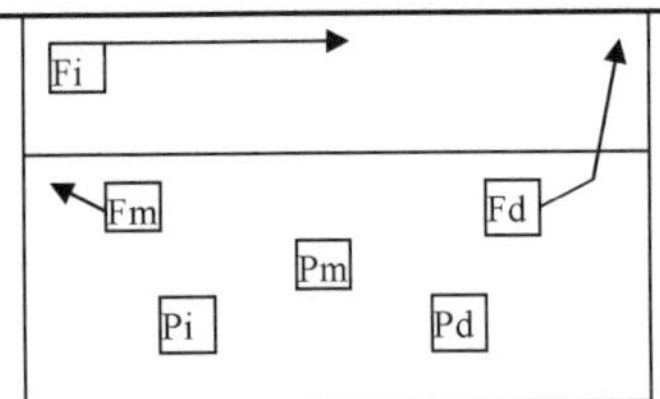

También pueden realizarse las siguientes variantes:

- Los rematadores pueden estar alineados en una formación de turnos, efectuando remates desde la parte frontal izquierda y la parte frontal media.

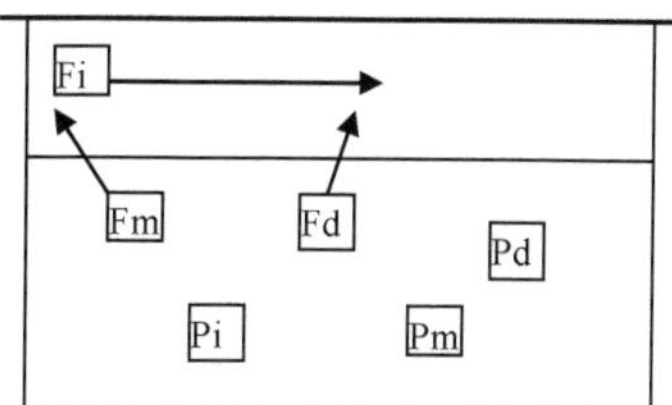

- Los rematadores están desplazados hacia la derecha de la pista, rematando desde las posiciones frontal media y frontal derecha.

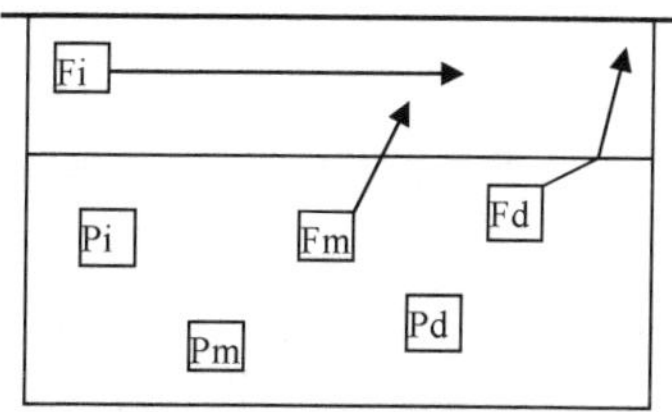

Si el colocador se encuentra situado en la parte frontal media los rematadores se hallarán en las posiciones frontal izquierda y derecha (para este caso también resultaran viables las tres opciones anteriormente descritas).

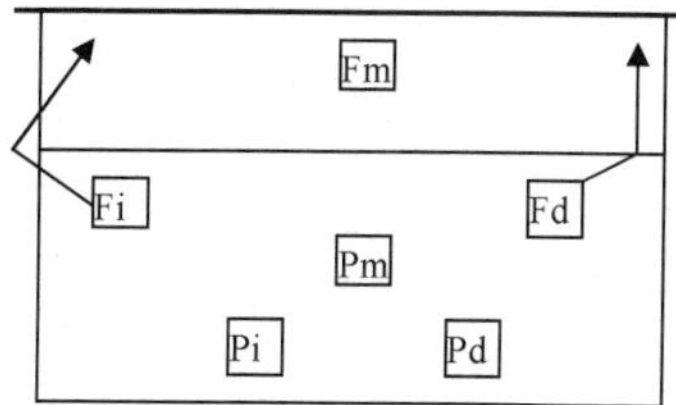

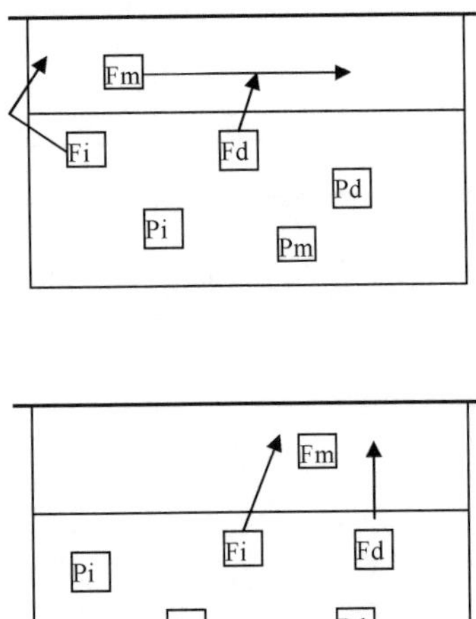

Cuando el colocador se halla en la parte frontal derecha, las mismas tres opciones son también variables. Los rematadores están entonces en las posiciones frontal izquierda y frontal media.

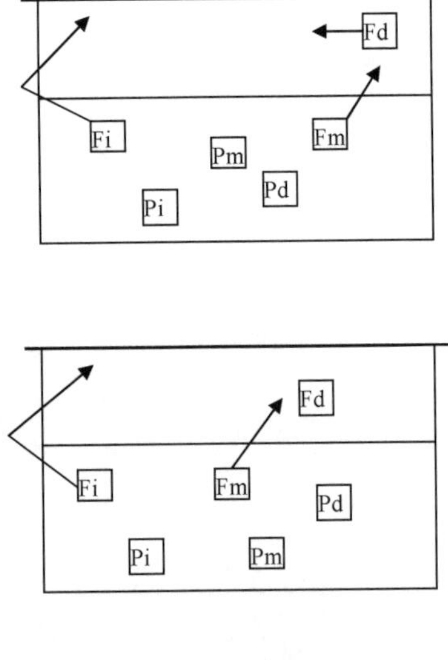

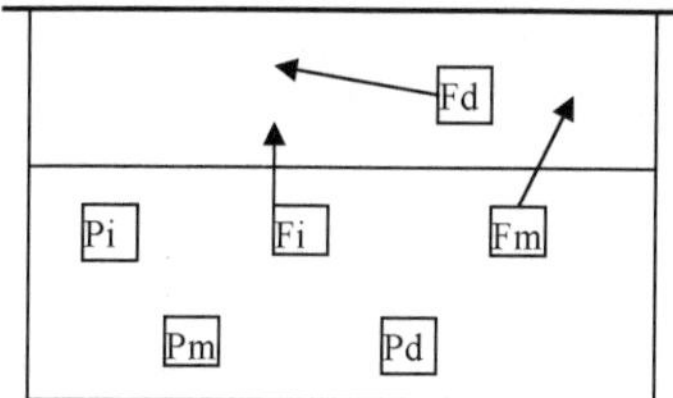

Para confundir al contrario podemos hacer que la posición de nuestro colocador varíe, retrasándolo para que parezca un jugador de la línea posterior, de forma que el equipo da la impresión de tener tres atacantes.

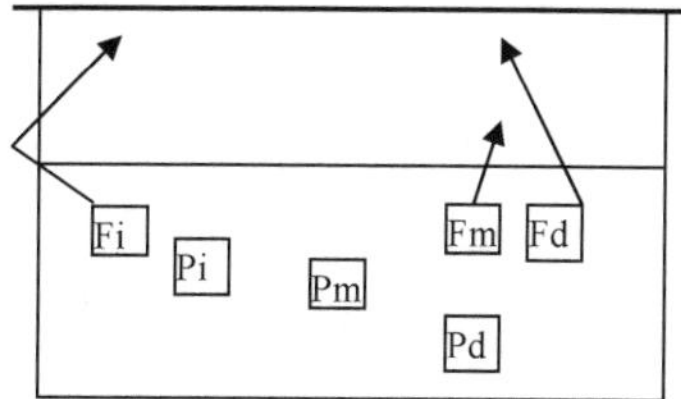

- **El sistema 6-2:**

En este sistema se emplea un colocador zaguero con tres atacantes mientras que la alineación es básicamente la misma. Siempre se realiza una penetración atrasada.

El colocador estará situado en una zona que le permita encarar a los atacantes izquierdo y medio. Este lugar se corresponde aproximadamente con la zona dos.

Como en este sistema siempre se efectuará una penetración atrasada, el colocador deberá adoptar distintas posiciones antes del servicio rival dependiendo del tipo de penetración que vaya a realizar.

- El colocador se sitúa en la parte posterior derecha, permaneciendo a la derecha y detrás del jugador frontal derecho hasta que se realice el servicio. Después penetrará hasta su zona de colocación designada.

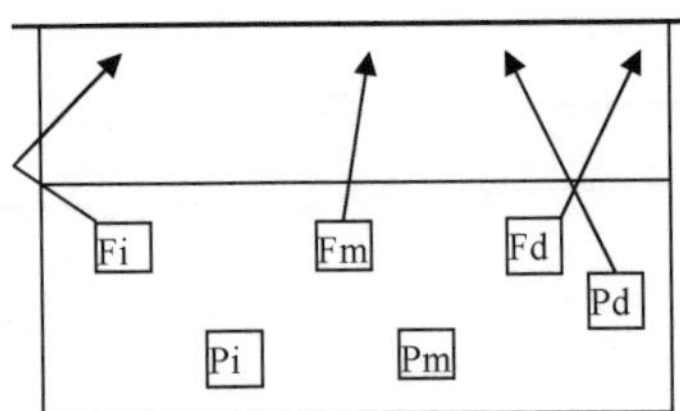

- El colocador está en la parte posterior media alineado a la derecha y detrás del jugador frontal medio.

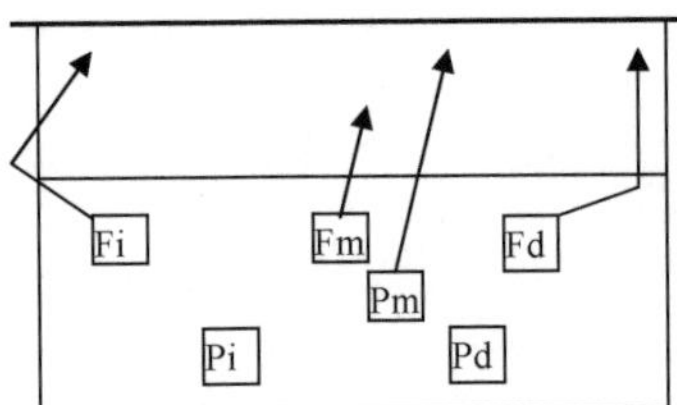

- Si el colocador se sitúa en la parte posterior izquierda podrá alinearse de dos maneras distintas dependiendo de si hace una penetración interior o exterior:

. Penetración por dentro: El colocador se alinea a la derecha y detrás del jugador frontal izquierdo.

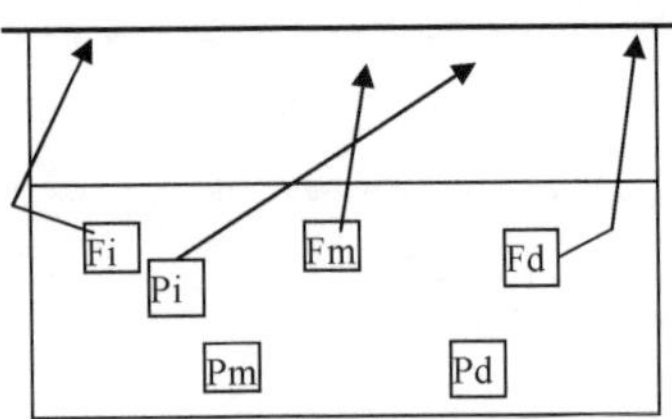

.Penetración por fuera: El colocador se alinea a la izquierda y detrás del jugador frontal izquierdo.

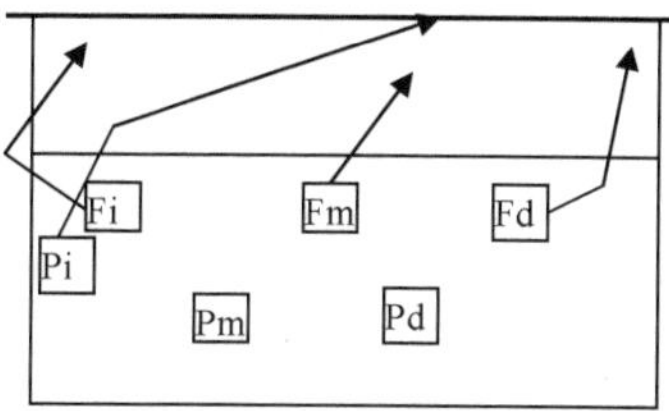

- __La formación en copa o semicírculo.__

Este sistema defensivo de cuatro jugadores también se puede combinar con el ataque 6-2. Su empleo está principalmente ligado a la búsqueda de unos ataques más cómodos a partir de unas colocaciones más rápidas. Para ello deberemos evitar que nuestro rematador medio recepcione la pelota, cubriendo el área frontal media con los jugadores frontal izquierdo y frontal derecho. Teniendo los jugadores de la línea posterior las mismas responsabilidades que en la formación en w.

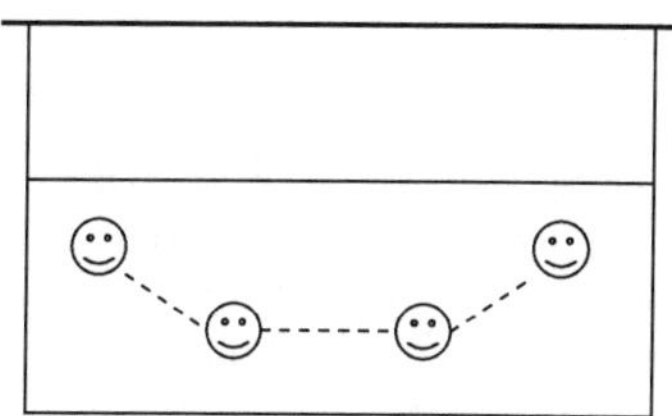

- Responsabilidad frontal izquierda / Responsabilidad frontal derecha.

Cuando el colocador se sitúa en la parte posterior derecha, el rematador rápido está en la red. Una vez que el equipo contrario efectúa el servicio nuestros jugadores realizarán los siguientes movimientos:

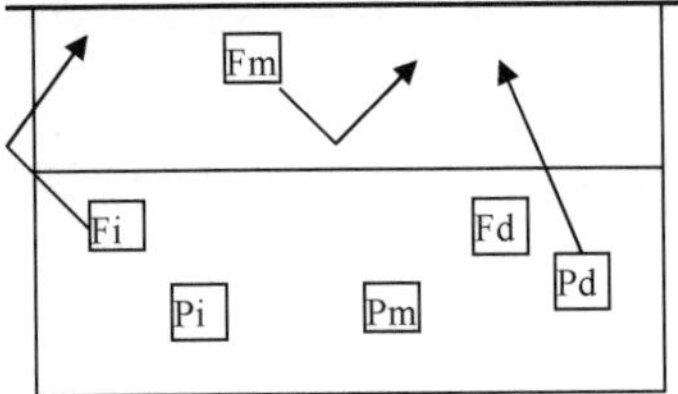

Si por el contrario cuando el equipo oponente saca, el rematador rápido está en la parte frontal derecha, los movimientos que se producen son:

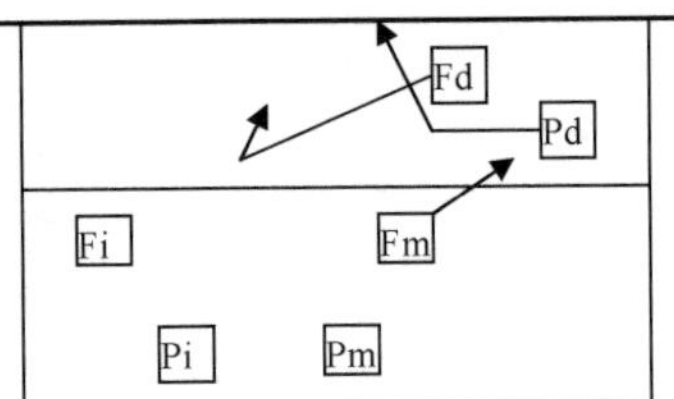

Cuando el colocador está en la parte posterior media, tanto el colocador como el jugador frontal medio van hacia la red. Tan pronto como el equipo contrario efectúe el servicio, el colocador regresará a la posición de partida, mientras que el rematador se separa de la red para poder hacer la aproximación.

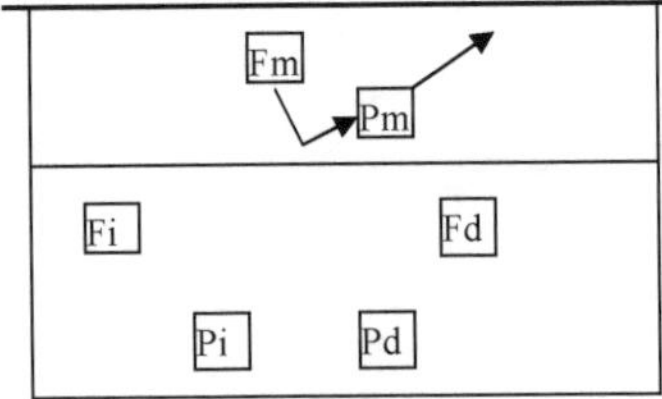

Cuando el colocador se sitúa en la parte posterior media tendremos dos opciones válidas en las cuales el colocador está obligado a permanecer en el medio de la pista como si estuviera recepcionando. Una vez que el balón se ponga en juego tendremos dos posibles movimientos:

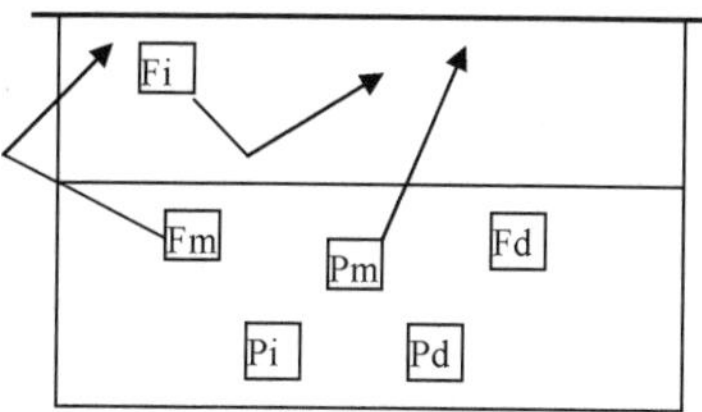

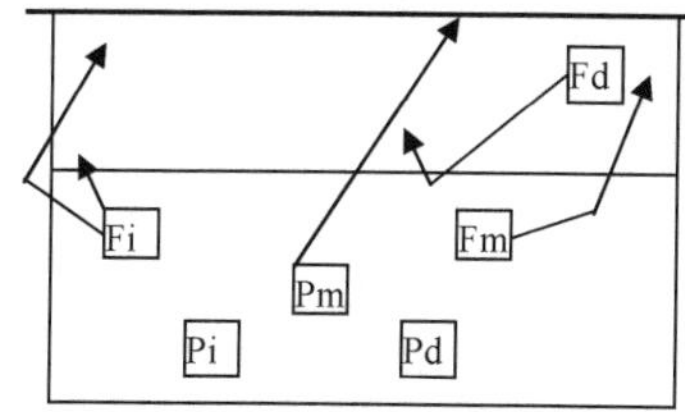

- Formaciones especiales. El sistema 5-1.

Para esconder a algunos pasadores débiles, o para aprovechar las virtudes de algunos grandes colocadores, algunos equipos de alto nivel han ideado formaciones especiales. Estos modelos varían ampliamente, teniendo en cuenta algunos factores como el papel de los atacantes zagueros en un ataque particular.

Ejemplos:

- En esta figura los jugadores colocados en la parte posterior izquierda y frontal derecha recepcionan en toda la pista. Para posteriormente hacer el siguiente movimiento:

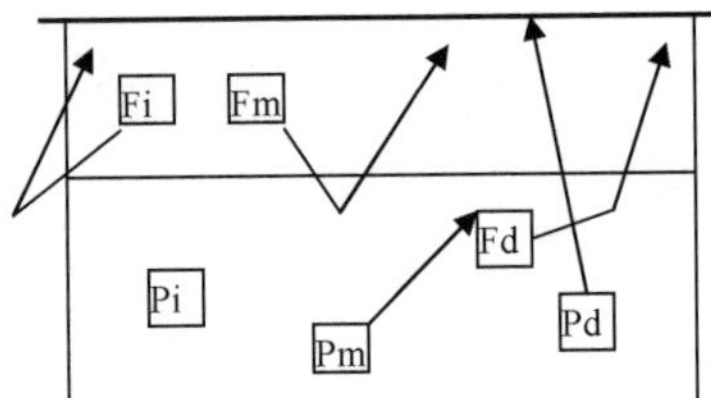

- En esta otra formación los jugadores que recepcionarán en toda la pista serán el frontal izquierdo y el posterior derecho:

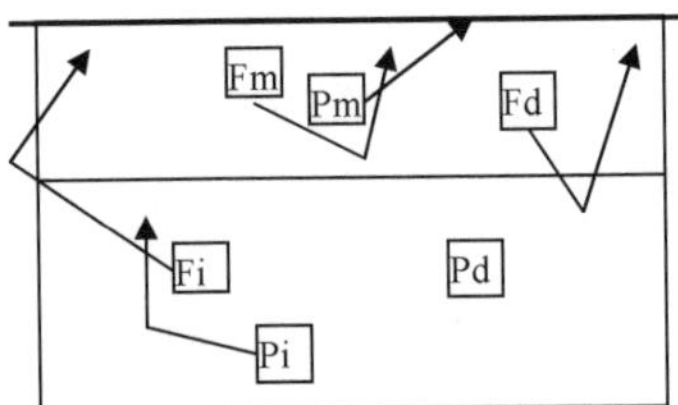

- En el siguiente turno, los dos mismos receptores estarán ahora situados en las posiciones frontal media y posterior derecha:

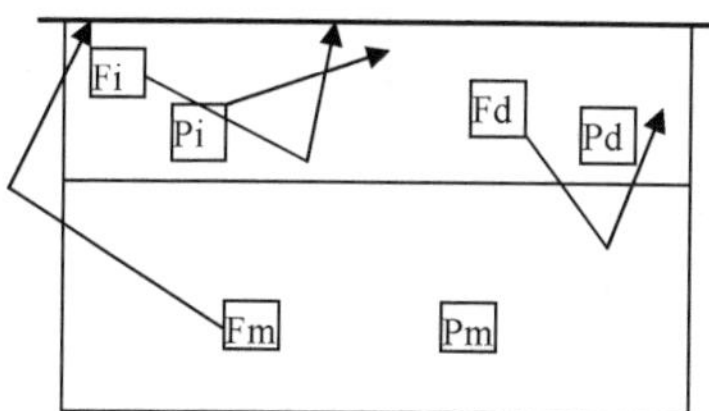

- El siguiente movimiento hará que el jugador colocado en la parte posterior derecha se desplace hacia la derecha para rematar a partir de una colocación hacia la línea posterior, mientras que el jugador frontal derecho puede rematar la colocación de juego o ir hacia la izquierda:

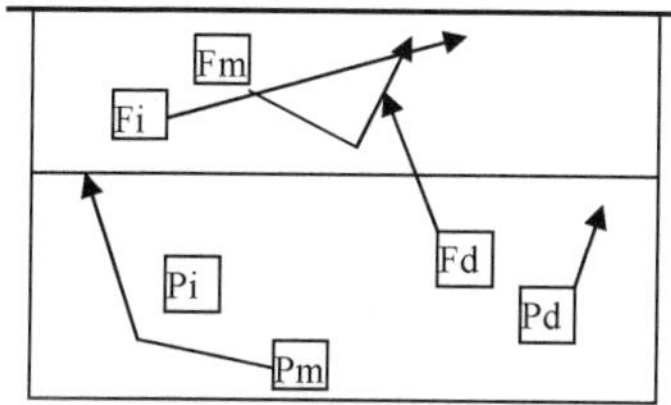

- Aquí sin embargo podemos observar que quien va al remate es el jugador posterior medio, desplazándose hacia la derecha, a partir de una colocación hacia la línea posterior. Mientras que el posterior izquierdo no recepcionará:

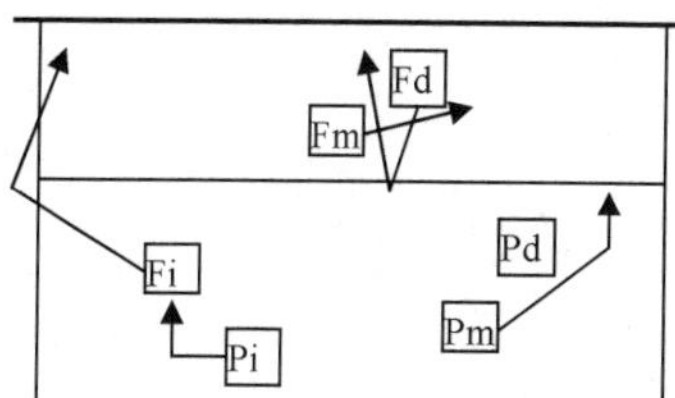

- En este ejemplo, el jugador posterior derecho puede rematar la colocación hacia la línea posterior:

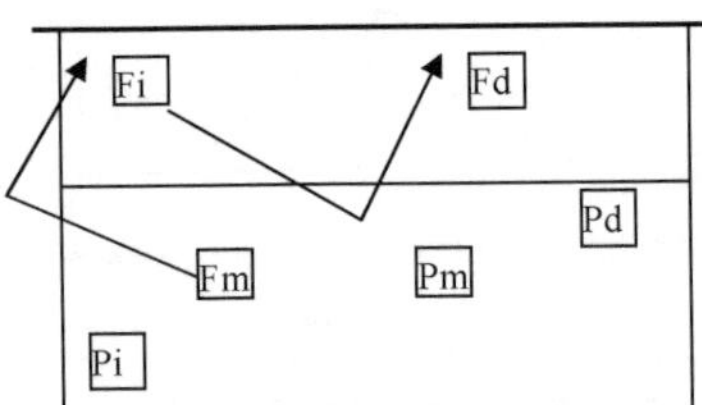

Estos seis ejemplos muestran seis formaciones que emplean un sistema de ataque 5-1 con los mismos dos jugadores haciendo todas las recepciones. Para ello deben reunir dos características esenciales: rapidez y una gran técnica de pase.

Otra variante sería la de emplear tres receptores alineados, para eximir de esa tarea a los bloqueadores medios. (El jugador opuesto al colocador y los atacantes exteriores efectúan la colocación en toda la pista).

En los dos sistemas previos (Recepción de dos y tres jugadores) existe siempre un jugador de la línea frontal implicado en la recepción. Cuando ese jugador va hacia atrás para recepcionar el servicio, puede que no sea capaz de implicarse en el ataque, por lo que deberemos suplir esta carencia con otras opciones de ataque. Lo que se suele hacer es utilizar un ataque de zaguero con el bloqueador medio de la parte posterior de la pista rematando esta colocación. (El bloqueador medio debe maniobrar hacia su posición cuando el servicio está en el aire).

Ejemplos de formaciones de recepción con tres jugadores:

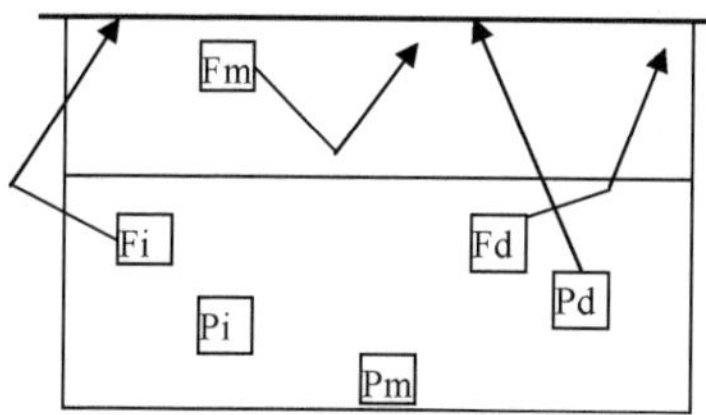

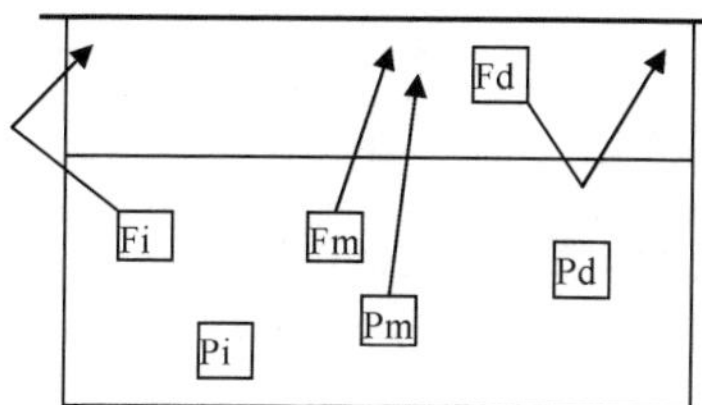

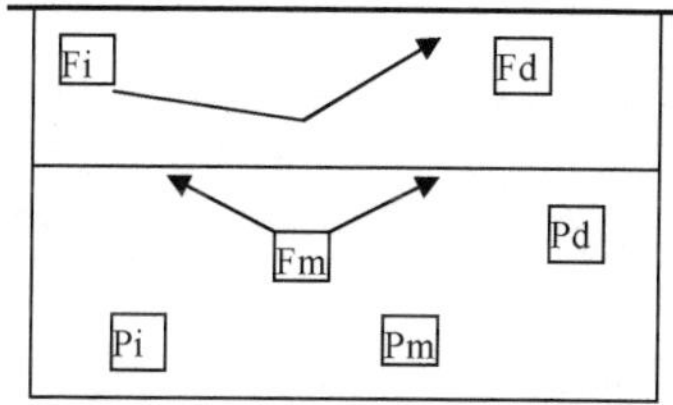

2. TÁCTICA COLECTIVA DE LOS SISTEMAS DE ATAQUE.

1. Características generales:

Hoy en día existe una gran variedad de sistemas de ataque puesto que cada entrenador, partiendo de un sistema básico, le configura a este unas modificaciones en función de las habilidades específicas de sus jugadores.

Básicamente estas variantes dependen de la forma de penetrar que tenga el colocador (colocación desde posición retrasada o frontal de la pista), lo que a su vez está condicionado por las ´´habilidades´´ de nuestros receptores y colocadores.

SISTEMAS BASICOS DE ATAQUE:

- **4-2***: consta de 4 rematadores y 2 colocadores.*

En este sistema, el colocador a la hora de atacar se sitúa en la parte frontal de la pista.

Podemos distinguir 2 formas diferentes de dirigir un ataque 4-2:

- *4-2 Normal:* el colocador se mueve hasta el medio de la parte frontal de la pista tan pronto como el servidor del equipo contrario hace contacto con la pelota en el servicio.   Entonces el colocador tendrá 2 opciones a la hora de poner la pelota: hacia el atacante del lado izquierdo, o hacia atrás buscando al jugador de la derecha. Este sistema tiene una ventaja: su sencillez, por lo que crea menos confusión entre los rematadores, y además, el colocador tiene un objetivo más claro hacia el que efectuar el pase.

- *4-2 Del lado derecho:* el colocador partiendo de la zona frontal de la pista se desplaza hacia el lado derecho en el momento en el que el servidor del equipo contrario contacta con la pelota para efectuar el servicio. En esta situación el colocador dispone de 2 opciones: ponérsela al atacante del lado izquierdo o al del medio.

-El colocador puede situarse en la red:

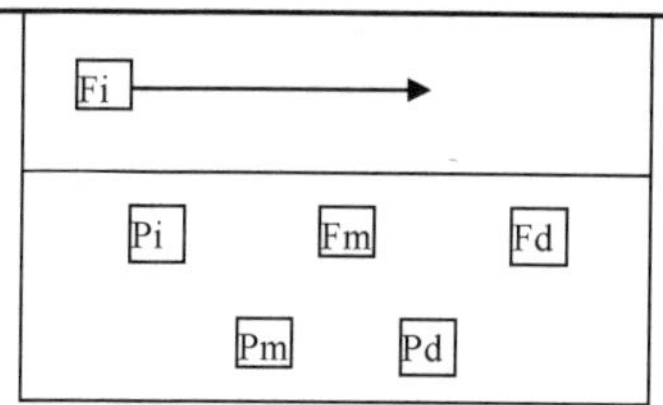

-Puede fingir ser un colocador de la parte posterior de la pista y alinearse detrás del respectivo jugador de la parte posterior.

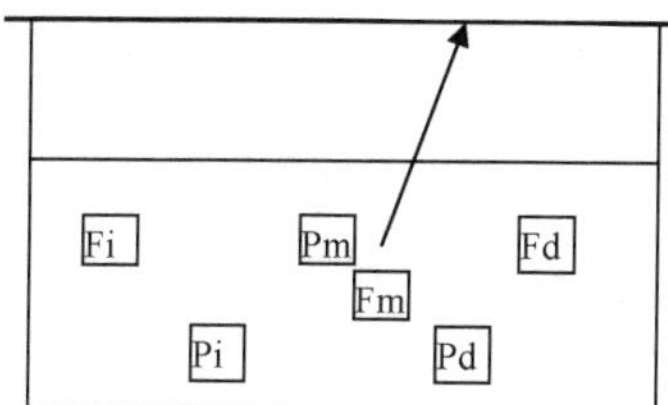

El colocador se sitúa generalmente delante del jugador de la parte posterior de la pista en el momento en que la pelota es lanzada hacia arriba para efectuar el servicio, si no lo hace se le pitará falta.

Es aconsejable que nuestro colocador trate de efectuar las colocaciones en salto, puesto que así hasta el último momento no desvelará si va a colocar o a fintar.

Con el 4-2 derecho se puede tener un ataque medio y conservar todavía la ventaja de un movimiento de colocador sencillo, puesto que a este le es más fácil colocar hacia la zona media de la pista, donde no hay antena y está uno de los sitios más difíciles de defender para el equipo contrario.

Desventajas y ventajas de este sistema:

Como los pases ahora se deben efectuar hacia el lado derecho de la pista, en vez de hacerlo hacia el medio, se necesitará mayor precisión en la colocación.

La ventaja del ataque 4-2 del lado derecho sobre el 4-2 normal, es que se puede tener un ataque medio y conservar todavía la ventaja de un movimiento colocador sencillo.

Posición del jugador para el ataque 4-2:

Comenzamos con los dos colocadores situados en lados opuestos de la alineación. Si hay alguna diferencia significativa en las habilidades de los dos colocadores, se debe situar al mejor colocador en la posición frontal central y al segundo en la parte central posterior. El mejor rematador comenzará en la parte frontal izquierda, y el segundo en la parte posterior derecha. Colocar al tercer mejor rematador en la parte posterior izquierda y al cuarto en la frontal derecha. Esto se hará para que en las rotaciones siempre exista equilibrio en la destreza de los rematadores.

- ## 6-2.-Consta de seis rematadores, dos de los cuales son a su vez colocadores en posición trasera.

Este es un sistema de ataque con colocador en la parte posterior de la pista, compuesto por tres rematadores. Los seis jugadores son rematadores y dos de estos están además designados para colocar cuando se hayan en la parte posterior de la pista. Este colocador retrasado permitirá que se realice un ataque lateral izquierdo, derecho y medio.

Este sistema tiene un gran potencial de opciones de ataque, permitiendo al entrenador y al colocador realizar distintas combinaciones. Éstas harán necesaria una mejor comunicación entre los jugadores, puesto que los movimientos de los rematadores serán más complicados. Pero para los bloqueadores contrarios será más difícil vigilar a tres rematadores en lugar de a dos, por lo que a lo largo del partido se podrán obtener numerosas situaciones de ataque favorables.

Este sistema de ataque puede crear cierta confusión en situaciones de desempates y jugadas de transición porque detectamos la presencia de cuatro jugadores en la parte frontal de la pista. Con esta forma de jugar necesitaremos que nuestros receptores realicen bien su trabajo y pasen la pelota con precisión al colocador. Puesto que ahora, con un ataque en el que tenemos tres rematadores, serán muy importantes las decisiones que tome el colocador en las frecuentes colocaciones rápidas y en los balones mal pasados.

Posiciones del jugador en el ataque 6-2:

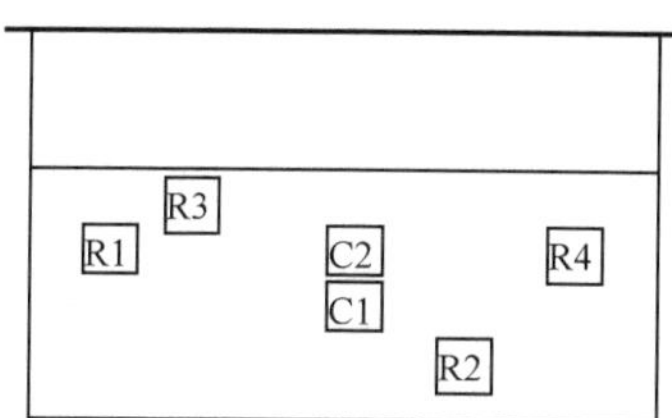

- ### **5-1.-Consta de cinco rematadores y un colocador.**

Podríamos decir que este sistema de ataque es una especie de combinación de los dos anteriores, el 4-2 y el 6-2, en el que podemos diferenciar algunas variantes dependiendo de la posición de partida de nuestro colocador:

- Si el colocador está en la parte posterior de la pista, se efectuará un ataque con tres rematadores.

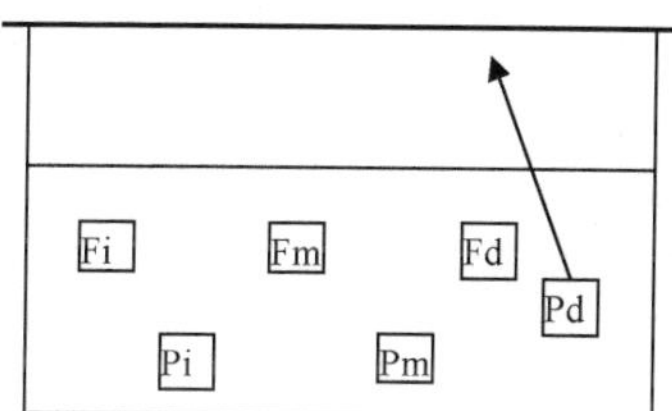

- Si por el contrario el colocador se sitúa en la parte delantera de la pista, el ataque será efectuado solamente por dos rematadores.

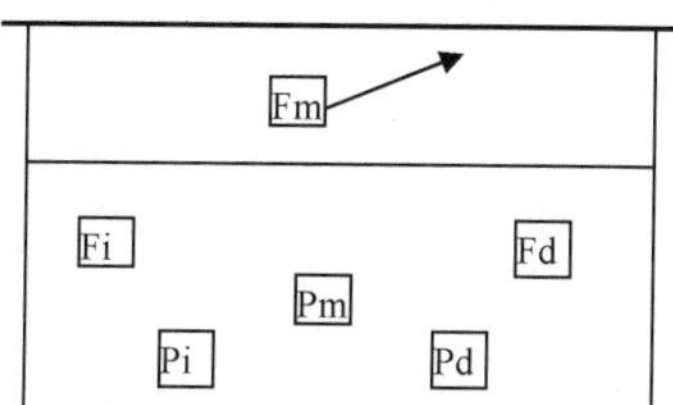

En los equipos de enseñanza secundaria por lo general se utilizan los ataque medios (lado derecho 4-2) cuando el colocador está en la parte frontal de la pista y (4-2 normal) cuando el colocador pasa desde el medio.

Ventajas y desventajas del ataque 5-1:

Al centrarse en un solo colocador, este tendrá la oportunidad de desarrollar técnicas de colocación en entrenamientos y competición.

Los rematadores se adaptan a un colocador por lo que se producirán menos confusiones y errores a la hora de colocar en una transición.

Si el colocador tiene un mal día o no puede jugar por problemas físicos, será muy difícil reemplazarlo.

Además casi todos los colocadores de este sistema son más bajos que los rematadores, por lo que a la hora de defender, el rival lo buscará como nuestro punto débil.

En definitiva, este sistema resultará extremadamente efectivo si disponemos de un colocador cuyas habilidades sean mayores que las de los demás, y además posea el temperamento y la resistencia necesaria

Posición del jugador para el 5-1:

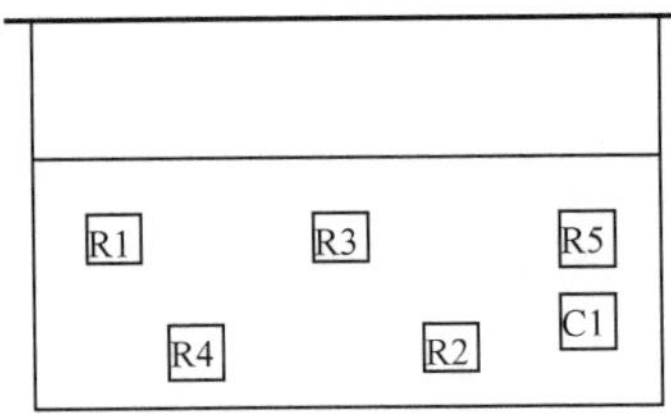

Variaciones del ataque:

- **El 6-3:**

    En este sistema los seis jugadores son rematadores, y tres jugadores comparten las obligaciones de la colocación desde el fondo de la pista. Este sistema permite trabajar con colocadores jóvenes en la alineación para entrenarlos junto con los colocadores más experimentados. Otra gran ventaja es que los colocadores, que por lo general son los mejores jugadores, pueden emplearse para la recepción y la defensa en la vulnerable posición posterior izquierda. Se tiene mayor versatilidad en las formaciones de pase/ recepción. Si la recepción falla con un colocador en la parte posterior de la pista, siempre quedará el otro en la parte frontal. Así también se tendrán mayores opciones en transición cuando el colocador no pueda llegar a pasar. Esto nos lleva a poseer una alineación mucho más flexible ya que los dos mejores colocadores no se encontrarán en posiciones opuestas entre sí.

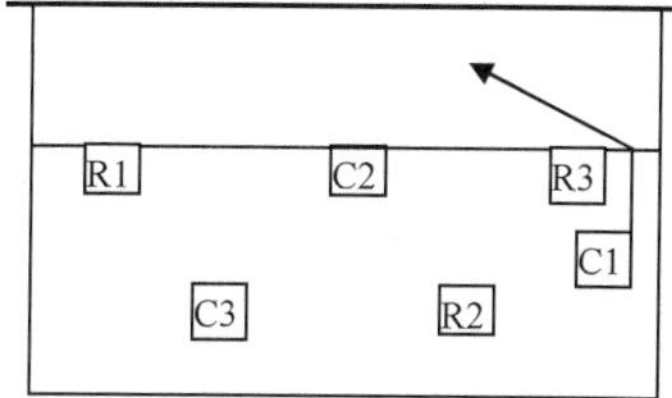

- **El 3-3:**

    El sistema 3-3 es básicamente el mismo que el 6-3, exceptuando que los colocadores colocan desde las posiciones frontal central y frontal derecha, en vez de hacerlo desde la posterior derecha y la posterior central. (Este sistema tiene las mismas ventajas que el 6-3).

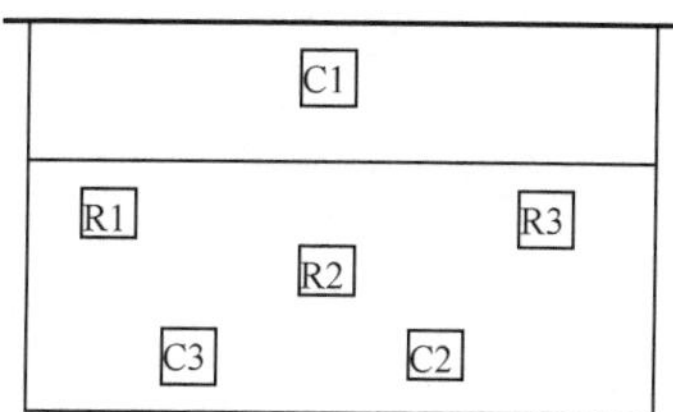

Ataque lateral izquierdo:

En este ataque el colocador adoptará una posición situada a la izquierda de la frontal central, en lugar de desde el lado derecho de la pista. De este modo tendrá enfrente a los atacantes del lado derecho y medio con el ataque del lado izquierdo detrás. Esta variación se lleva a cabo con la finalidad de ayudar al colocador a situarse más deprisa cuando juega en las posiciones posterior izquierda y frontal izquierda. También lo podríamos utilizar si contamos con un colocador diestro en la parte frontal de la pista, para así atacar con mayor facilidad. Pero la razón de mayor peso para decidirnos por la utilización de un ataque por el lado izquierdo sería que este nos permite realizar un ataque más rápido contra el bloqueador frontal derecho. (El ataque puede ser todavía más rápido si el rematador central es zurdo).

Dirigiremos un ataque lateral derecho cuando el colocador esta en la parte posterior derecha:

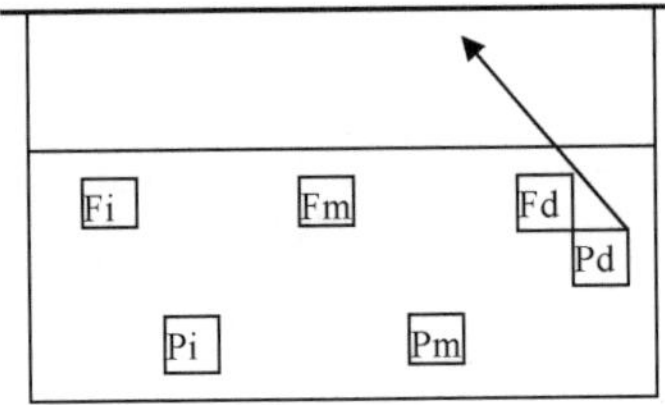

Dirigiremos un ataque lateral izquierdo cuando el colocador está en la parte posterior izquierda.

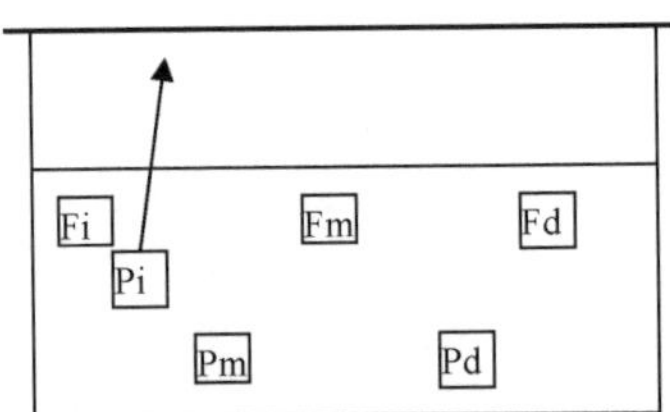

Si el colocador está en la parte posterior central, este se moverá hacia el lado derecho si la pelota es servida en diagonal, y hacia el lado izquierdo si es paralela:

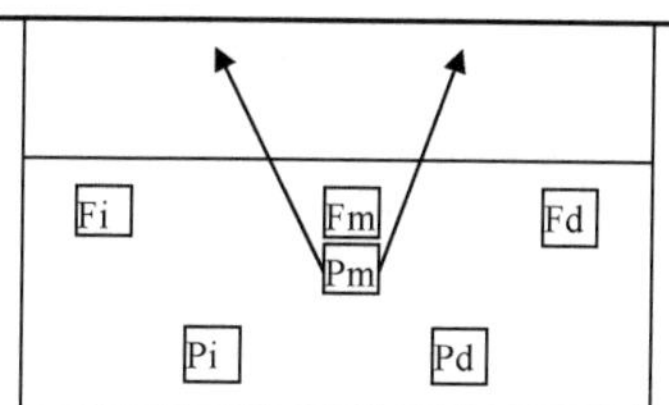

3. TÁCTICA COLECTIVA DE LOS SISTEMAS DE APOYOS AL REMATE.

Los apoyos (cobertura) que reciben los rematadores son esenciales cuando el equipo contrario basa su juego defensivo en el bloqueo. En la cobertura del rematador, los jugadores se mueven hacia una posición para apoyar al rematador en el caso de que el remate sea bloqueado por la defensa, ya que si la pelota es rechazada para nuestro propio campo estos jugadores podrán levantarla y prepararse para realizar otro nuevo ataque. La clave para saber si hay que apoyar al rematador radica en observar las manos de los bloqueadores contrarios y la situación de la colocación. Si la colocación se realiza fuera de la red deberemos aproximarnos más a nuestro rematador ya que la pelota puede descender delante de éste. (Estos apoyos también serán necesarios cuando los bloqueadores sean altos y estén penetrando por encima de la red, la pelota será bloqueada hacia abajo). Si por el contrario los bloqueadores están bloqueando recto hacia arriba pero no penetran por encima de la red, la cobertura deberá ser a mayor profundidad en la pista.

Como norma general, los tres jugadores más próximos al rematador se ubican en una posición baja cercana a la línea de los tres metros, mientras que los dos jugadores restantes equilibrarán la totalidad de la parte posterior de la pista. El colocador acostumbra a seguir la colocación, y los tres jugadores más próximos no deben retroceder para jugar pelotas. Para ese trabajo ya tenemos a los jugadores situados en la parte posterior de la pista.

Apoyos al rematador en un ataque 4-2 normal (2-1-2):

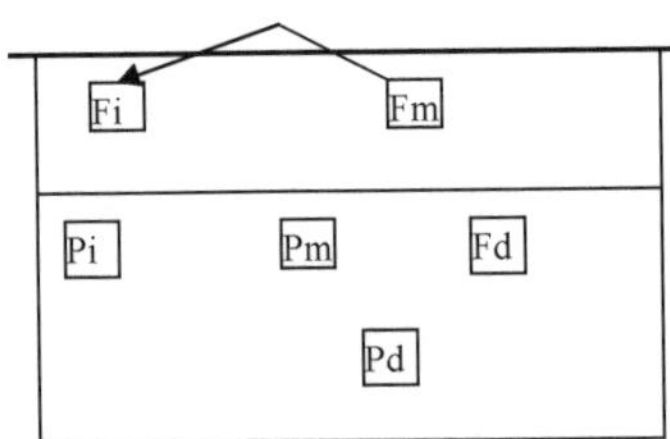

Hay dos jugadores muy cercanos, otro situado ligeramente a mayor profundidad, y otros dos al fondo de la pista.

Apoyos al rematador cuando tenemos que atacar un bloqueo del lado derecho o del izquierdo:

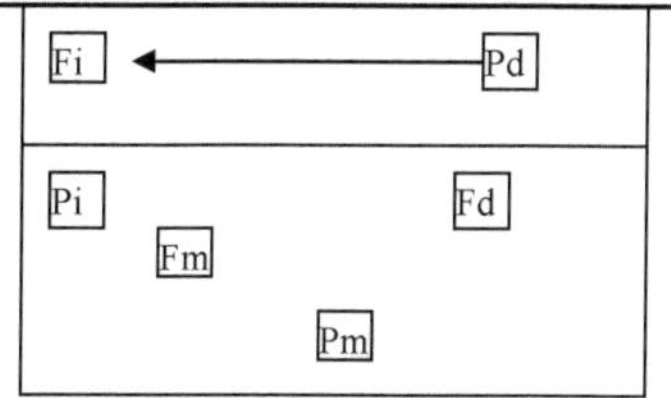
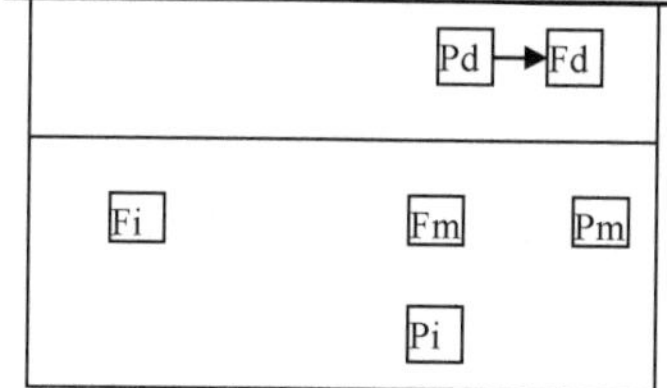

La posición 1 la ocupa el rematador medio a menos que se esté ocupando de una colocación rápida.

Apoyos al rematador central:

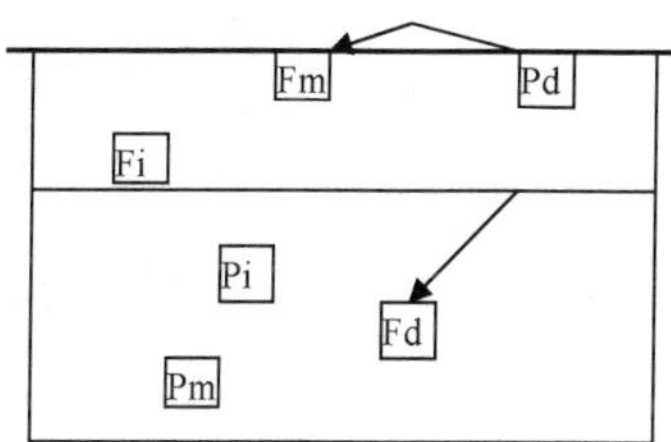
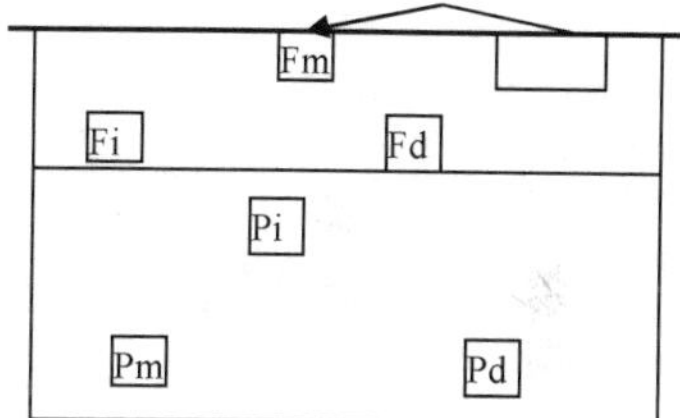

En este caso la posición 1 será ocupada por el jugador que designe el entrenador (suele ser el jugador de la parte posterior izquierda).

Apoyos al remate cuando el colocador se aparta de la red (no sigue la trayectoria del balón).

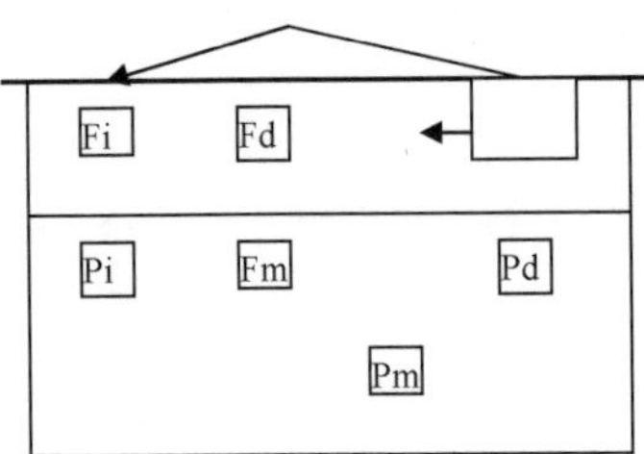

El colocador de la parte frontal coloca desde la parte frontal derecha hacia la parte frontal izquierda.

Otra variante se produciría si el colocador sigue la colocación y la pelota es enviada hacia arriba, todos los jugadores de la parte frontal de la pista se apiñan en el lado donde el equipo estaba bloqueando:

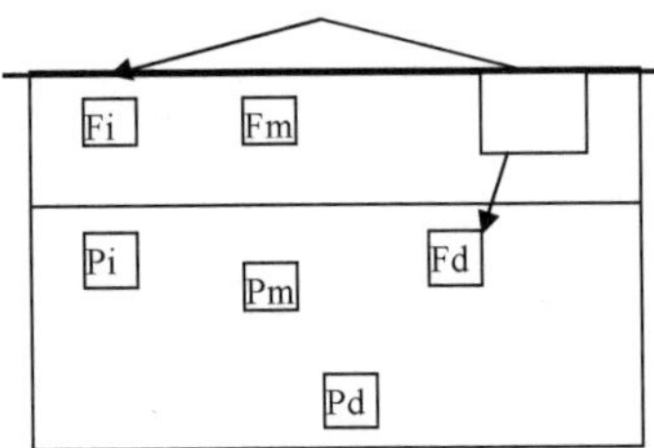

Para un ataque elemental, la cobertura del rematador debe ser completa. Cuando se emplean juegos rápidos, los apoyos se vuelven menos definidos, sencillamente porque los jugadores no tienen tiempo de situarse en la posición adecuada antes de que la pelota sea rematada. Muchas veces la cobertura se efectúa con los dos jugadores más próximos y dos en el fondo de la pista. Si el pase es pobre, el colocador no tendrá tiempo a situarse en posición. Los jugadores deben aprender a equilibrar los apoyos cuando el colocador no pueda acercarse.

4. TÁCTICA COLECTIVA DE LOS SISTEMAS DE DEFENSA.

La disposición y el juego de conjunto en la defensa contra golpes de ataque se rigen por el repertorio del contrario y por las posibilidades del propio juego de bloqueo. Disponemos de sistemas de defensa sin bloqueo, con bloqueo de uno, con bloqueo de dos y con un bloqueo de tres.

1. Sistema defensivo sin bloqueo.

Este tipo de defensa se emplea siempre que el adversario presenta ausencia de ataque o bien un ataque flojo, y también, desde luego, cuando debido a una organización defectuosa del juego, no se pueden rematar las acciones con un ataque fuerte. Su principio consiste en mantener en la red un jugador preparado para el propio juego de pases al tiempo que se intercepta en la formación 3:2. Al hacerlo se establece la barrera defensiva situando a tres jugadores delante y dos detrás cubriendo el hueco.

Defensa sin bloqueo en la formación 3:2

Ataque desde la posición 4.

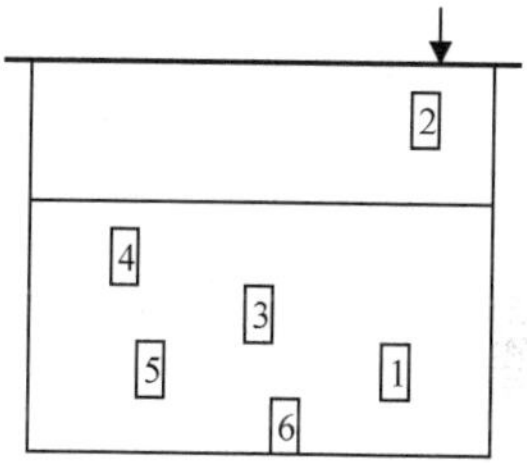

Ataque desde la posición 2.

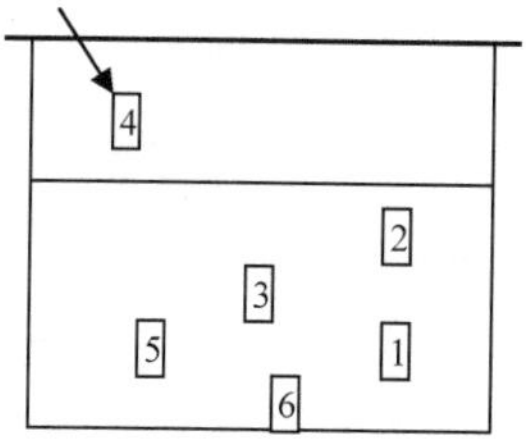

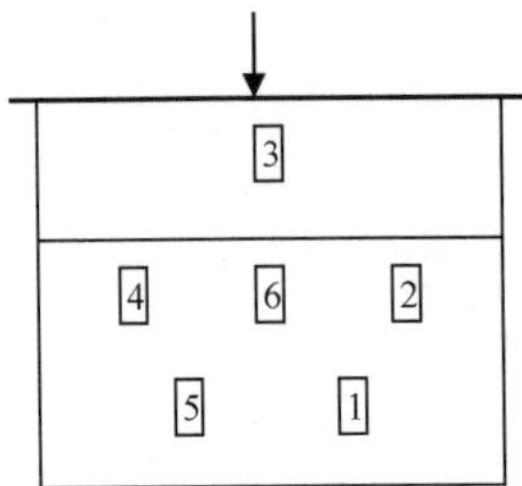

Ataque desde la posición 3.

2. Sistema defensivo con bloqueo de uno.

En este caso distinguimos entre la formación 1:1:4 y la formación 1:2:3.

Con la formación 1:1:4, un jugador salta a bloquear, otro jugador cubre el bloqueo, y cuatro jugadores se encargan de la defensa del campo posterior.

Se suele emplear la formación 1:2:3 cuando el ataque del adversario se efectúa sobre la posición 3. Los jugadores de las posiciones 4 y 2 se encargan de la cobertura inmediata detrás del bloqueo, cubriendo así la zona de ataque. Los jugadores de las posiciones 5, 6 y 1 se encargan de la defensa en el campo trasero.

Formación 1:1:4

Ataque desde la posición 4.

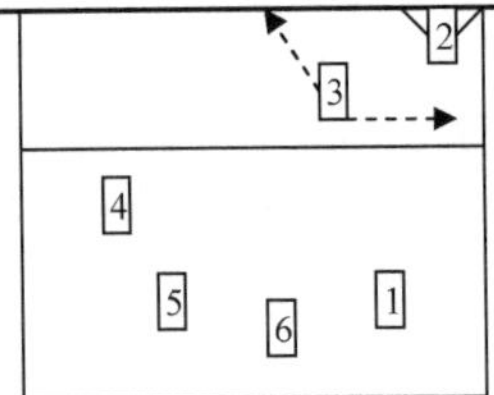

Ataque desde la posición 2.

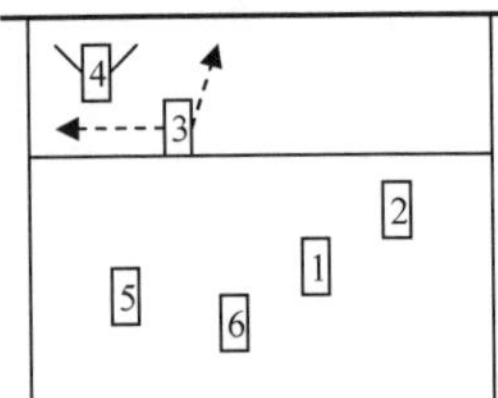

Formación 1:2:3

Ataque desde la posición 3.

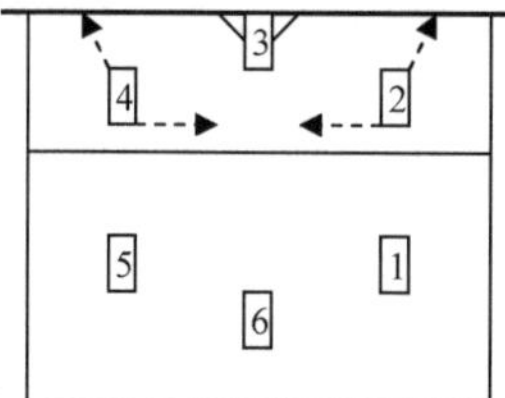

3. Sistema defensivo con bloqueo de dos.

En el sistema defensivo con bloqueo de dos se distinguen las formaciones 2:1:3, 2:2:2 y 2:0:4.

Formación 2:1:3

Aquí establecen el bloqueo dos jugadores. Un jugador se encarga de cubrir el bloqueo y tres jugadores se encargan de la cobertura lejana, o sea, del resto del campo. La cobertura de detrás del bloqueo puede estar al cargo tanto del jugador de la posición 6 como de los jugadores de las posiciones 1 y 5.

Formación ante un ataque desde la posición 4.

El jugador de la posición 5 se sitúa detrás del bloqueo.

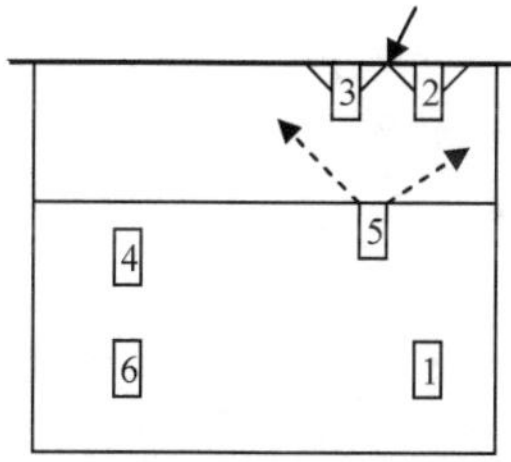

El jugador de la posición 6 se sitúa detrás del bloqueo.

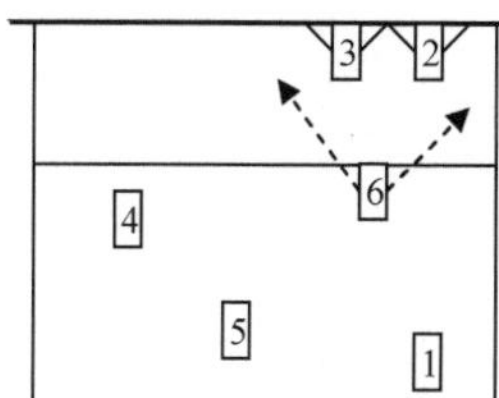

El jugador de la posición 1 se sitúa detrás del bloqueo.

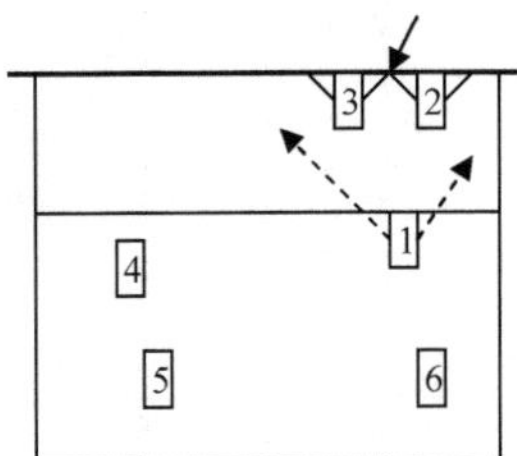

El jugador de la posición 2 se sitúa detrás del bloqueo.

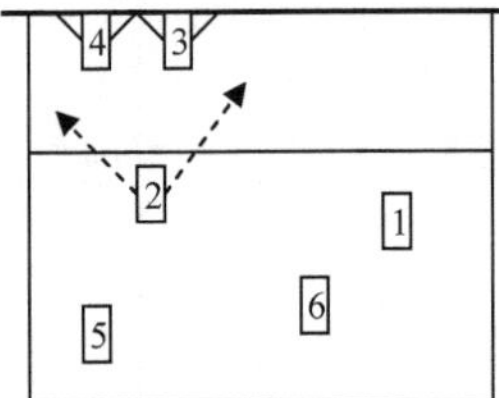

El jugador de la posición 6 se sitúa detrás del bloqueo.

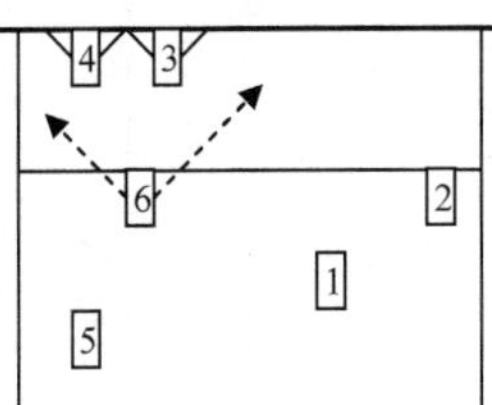

El jugador de la posición 5 se sitúa detrás del bloqueo.

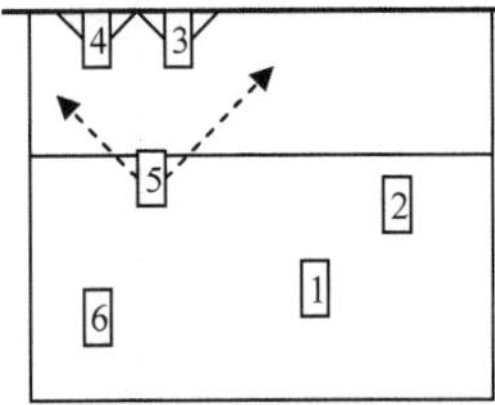

Formación 2:2:2

En esta formación establecen el bloqueo dos jugadores. Otros dos se encargan de la cobertura inmediata tras él y de la zona de ataque, y dos jugadores cubren el resto del campo.

Esta formación está indicada cuando el adversario dirige balones voleados por alto en forma de finta justo detrás del bloqueo o dispone de un ataque que no golpea demasiado fuerte.

Formación 2:2:2 con un ataque desde la posición 4.

Los jugadores de las posiciones 4 y 6 se encargan de cubrir cerca el bloqueo; los de las posiciones 5 y 1 cubren el campo trasero.

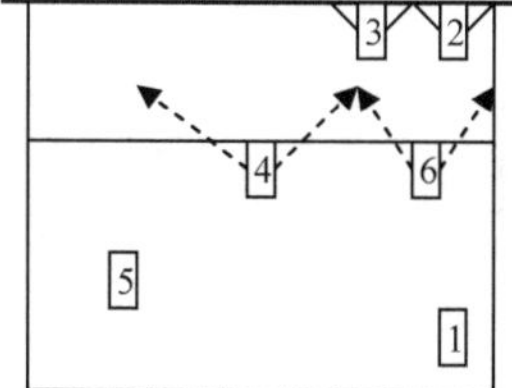

Los jugadores de las posiciones 4 y 1 se encargan de la cobertura cercana, los de las posiciones 5 y 6 de la lejana.

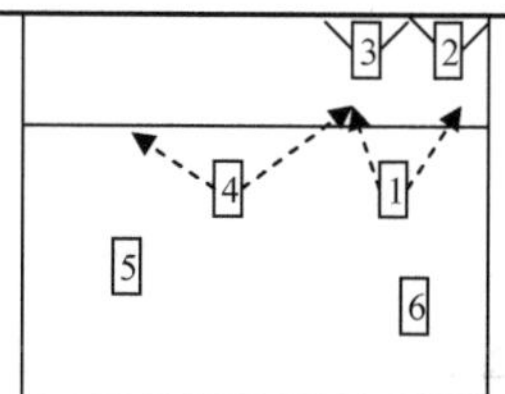

Formación 2:2:2 con un ataque desde la posición 2.

Los jugadores de las posiciones 2 y 6 se encargan de la cobertura cercana, los de las posiciones 5 y 1 se encargan de la cobertura lejana.

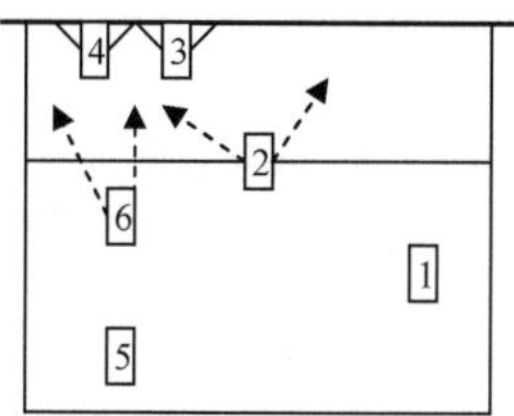

Los jugadores de las posiciones 2 y 5 se encargan de la cobertura cercana, los de las posiciones 6 y 1 de la lejana.

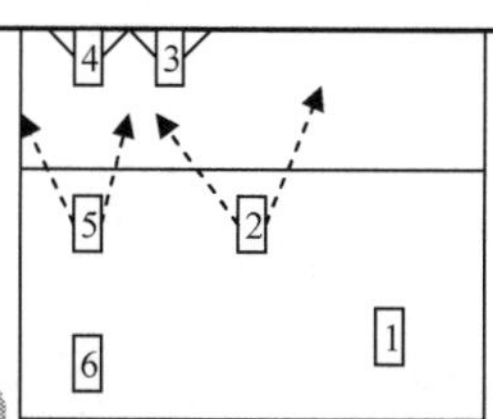

Formación 2:0:4

Dentro de esta formación, dos jugadores forman el bloqueo y otros cuatro se encargan de la defensa de campo posterior. No existe en este caso ninguna cobertura cercana directa detrás del bloqueo. Se da preferencia a este tipo de juego defensivo cuando los contrarios disponen de un ataque muy fuerte y dirigen muy pocos balones en finta al campo delantero situado detrás del bloqueo.

El jugador situado en la posición 6 se desplaza hacia la línea lateral, haciéndose también responsable de la intercepción de los balones duros disparados en paralelo a esa línea. Los jugadores de las posiciones 4 y 1 o los de las posiciones 5 y 2 están pendientes de las fintas lanzadas al campo delantero.

Formación 2:0:4 con un ataque

sobre las posiciones 4 y 2.

Ataque sobre la posición 4.

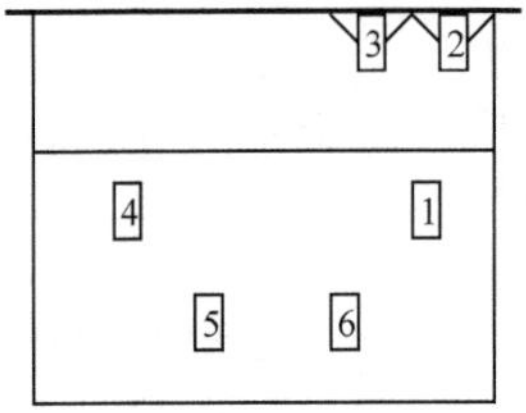

Ataque sobre la posición 2.

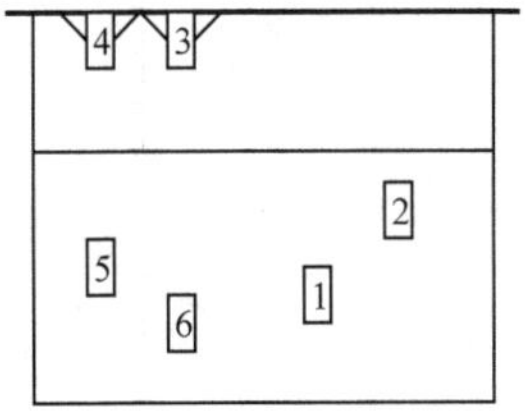

4. <u>Sistema defensivo con bloqueo de tres.</u>

Este sistema tiene relativamente poca aplicación, y sólo cuando el atacante principal del adversario ataca alto sobre la posición 3. En tal caso sólo existe la formación 3:0:3, es decir, tres jugadores establecen un bloqueo de tres en la posición 3, y otros tres se encargan de la cobertura lejana del campo. No existe cobertura cercana inmediatamente detrás del bloqueo.

Formación 3:0:3

El jugador de la posición 6 juega retirado en el campo trasero, manteniéndose a la sombra del bloqueo. Los de las posiciones 5 y 1 salen de esa "sombra" para rechazar ataques duros, así como balones de finta en el campo delantero.

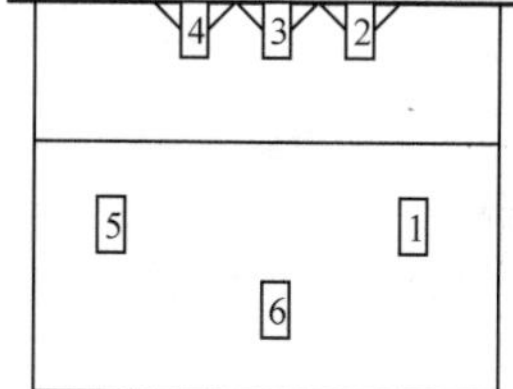

5. UNA FORMA DE INICIACIÓN. EL MINIVOLEIBOL.

Introducción.

El minivoleibol es un proceso pedagógico que incluye la adaptación de las reglas y las condiciones del juego a los niños para facilitar y permitir su aprendizaje.

La existencia de un Reglamento Nacional de Minivoley que da homogeneidad a las diversas normas que guían las competiciones existentes puede ser adecuado para contribuir a su difusión y desarrollo. Aunque la competición en minivoley debe estar presidida por un carácter eminentemente pedagógico y formativo, es necesario que las reglas del juego sean claras y conocidas por todos, como una herramienta más de enseñanza a la cual deben someterse los participantes.

El minivoleibol es un juego de voleibol en donde las acciones se reducen a situaciones de juego simplificadas, correspondientes al estado de desarrollo de los jugadores principiantes.

Se modifican la cantidad de jugadores, las medidas de la cancha, la altura de la red y el material de juego, pero se conserva la idea del juego, las reglas fundamentales, las situaciones del juego y el trámite de las acciones del voleibol.

Categorías

Minivoley Benjamín: Hasta 10 años.

Minivoley Alevín: 11-12 años.

Los equipos de niños y niñas competirán por separado, aunque en Galicia en categoría benjamín los equipos serán mixtos y se permitirán además equipos masculinos y mixtos en la primera fase de la categoría alevín.

El campo

Minivoley Benjamín (3x3): 4,5 ancho x 9m. largo.

Minivoley Alevín (4x4): 6 ancho x 12m. largo.

Dividido a lo largo en dos mitades iguales, delimitado por líneas de colores que contrasten con la superficie de juego.

La superficie del terreno será plana y sin desniveles que puedan resultar peligrosos para los participantes. Se aceptan todo tipo de superficies de juego: cemento, madera, sintéticos, hierba, etc. con la condición de que no supongan riesgos.

Zona de saque

Se puede sacar desde cualquier parte de la línea de fondo.

La línea final no debe pisarse en el momento del saque. En caso de competiciones no oficiales, con participantes muy pequeños o inexpertos, puede autorizarse a efectuar el saque desde dentro de la pista, para aumentar las posibilidades de éxito.

La red

Altura:

Minivoley Benjamín (3x3): 2m.

Minivoley Alevín (4x4): 2,10m.

La altura de la red es uniforme para niños y niñas ya que en estas edades por lo general la talla de ambos es similar.

En competiciones no oficiales la altura de la red puede adecuarse a las características de los participantes.

Varillas:

El lugar de paso del balón sobre la red estará delimitado por dos varillas situadas sobre las líneas laterales del campo.

Composición de los equipos

Minivoley Benjamín: 3 jugadores en el campo. Equipo con mínimo 4 jugadores que deberán jugar al menos 1 set completo sin sustitución (salvo fuerza mayor).

Minivoley Alevín: 4 jugadores en el campo con un mínimo de 5 por equipo, con las mismas condiciones que el benjamín.

En Galicia el mínimo de jugadores por equipo será de 6 para la categoría benjamín y de 8 para la alevín.

En competiciones no oficiales, el número de participantes por equipos puede flexibilizarse, pero el aumento de jugadores por equipo dificulta el juego por la mayor complejidad de relación entre más integrantes.

El balón

Esférico, blando y ligero, cubierto de piel o sintético, con una circunferencia de unos 62-64cm. y un peso de 190-220 grs.

Es recomendable una disminución de la circunferencia para facilitar su manejo y control, especialmente con el pase de dedos. Debe cuidarse la reducción del peso y de la dureza de la cubierta para favorecer contactos agradables en las primeras experiencias con el balón.

Los balones de espuma, plástico o goma pueden utilizarse en etapas iniciales de la enseñanza o en actividades de tipo recreativo.

Sistema de puntuación

El partido se disputa a tres sets, de 25 puntos cada uno, con el sistema de "acción punto", es decir, cada jugada concede un punto al ganador, independientemente de quien ha servido (igual que voleibol tradicional).

En caso de empate a 24 puntos, el set terminará cuando uno de los equipos marque el punto 26. Al final del partido el equipo que haya ganado más sets será el ganador.

Equipación

Todos los jugadores deberán vestir una camiseta de color uniforme y con un número del 1 al 18 en el pecho y en la espalda.

El árbitro

El árbitro en el minivoley tiene un papel pedagógico y debe contribuir con sus indicaciones y sus actitudes al proceso de formación. Sin embargo el árbitro no debe transformarse en un elemento preponderante del partido, en este caso a través de observaciones y correcciones a los niños/as, que deben quedar reservadas a los entrenadores.

<u>Metas parciales de aprendizaje:</u>

➢ <u>Meta parcial de aprendizaje 1: Golpe de arriba con dos manos.</u>

Los jugadores aprenden a mantener el balón en el aire con golpe de arriba con dos manos y a aplicarlo según la situación.

El golpe de arriba con dos manos tiene su aplicación como pase para el atacante. En contraposición al juego 6x6, en el minivoleibol se empleará con más frecuencia el toque de dedos para recibir todos los balones jugados por el contrario sobre la red y como medio ofensivo. De este modo, resulta un requisito técnico-táctico fundamental para lograr buenas acciones de juego.

➢ <u>Meta parcial de aprendizaje 2: Golpe de abajo con dos manos.</u>

Los jugadores aprenderán con esta meta parcial a mantener el balón en el aire con golpe de abajo con dos manos y a aplicarlo de acuerdo a la situación como posible alternativa del golpe de arriba con dos manos.

El golpe de abajo con dos manos ayuda en primer término a recibir y devolver saques y acciones ofensivas del contrario. A diferencia con el juego del voleibol, el golpe de antebrazos se usa en el minivoley frecuentemente como pase y posibilidad ofensiva.

➢ <u>Meta parcial de aprendizaje 3: El remate.</u>

En esta meta parcial de aprendizaje los jugadores aprenderán a rematar el balón sobre la red con una mano. Lo harán con un salto y en lo posible con dirección.

Con el remate se intentará que el balón toque el suelo del campo de juego contrario. El remate es la culminación del juego en conjunto del equipo, dependiendo de la jugada y del primer pase. El jugador atacante deberá aprender a tener en cuenta la conducta de los jugadores contrarios en su acción táctica individual.

➢ <u>Meta parcial de aprendizaje 4: El saque.</u>

Los jugadores deberán aprender en esta meta parcial de aprendizaje, a poner en juego el balón con la ayuda del saque frontal de abajo (saque de seguridad).

Con el saque se trata de dificultar el armado del ataque contrario, y lograr un punto simultáneamente. Contrariamente al juego deportivo, en el minivoley se pone el balón en juego principalmente con el saque. El jugador que saca deberá tener en cuenta la ubicación del contrario en su acción táctico individual.

6. LOS JUEGOS REDUCIDOS EN EL VOLEIBOL. SU UTILIZACIÓN PARA LA INICIACIÓN.

Introducción

Los juegos reducidos. Una propuesta aceptada normalmente para simplificar el deporte es reducir el número de jugadores de cada equipo. Para muchos autores, como por ejemplo Devís y Peiró, Santos, Viciana y Delgado, Moreno y Rodríguez, el juego debe empezar por situaciones de 1x1, y después evolucionar a situaciones de 2x2, 3x3... hasta llegar a una descompensación del número de participantes que permita despertar determinadas estructuras tácticas (2x1, 3x2, etc.)

En el voleibol la utilización de juegos reducidos es muy recomendable sobre todo para la iniciación ya que implica una mayor participación de todos los jugadores, pero también debe utilizarse para el perfeccionamiento de los gestos técnicos de dicho deporte y como preparación para la competición.

En este trabajo intentaremos dar una visión de los juegos reducidos desde el punto de vista de su utilidad y dar unas pequeñas consignas para su empleo en el entrenamiento del voleibol.

Etapas del proceso metodológico

En el entrenamiento del voleibol se contemplan tres grandes bloques de tipo de trabajo:

- Físico
- Psíquico
- Técnico-táctico.

Esta diversidad de elementos en un proceso a largo plazo implica la definición de una serie de etapas y la planificación de contenidos a desarrollar y de objetivos a plantearse en cada etapa. Se contemplan tres etapas dentro del proceso del entrenamiento deportivo:

- Etapa de iniciación deportiva (9-10 años a los 14 años).
- Etapa de preparación a la alta competición (14 a 18 años aproximadamente).
- Etapa de alta competición (de los 18 años en adelante).

En cada etapa los contenidos metodológicos no son iguales y en este proceso metodológico de cada gesto técnico existen también tres etapas:

- Etapa de aprendizaje.
- Etapa de fijación.
- Etapa de perfeccionamiento.

En general existe una concordancia temporal entre las etapas de entrenamiento deportivo y las etapas del proceso metodológico de gestos técnicos:

Etapas del Entrenamiento Deportivo	Etapas del proceso metodológico: gestos técnicos
- Iniciación deportiva: 9/10 años – 14 años	**- Aprendizaje:** Correcta adquisición de la ejecución corporal de los gestos técnicos.
- Preparación a la alta competición: 14 – 18 años	**- Fijación:** Automatización de la ejecución correcta del gesto técnico. Incremento de las prestaciones técnicas: precisión, recursos y habilidades, etc.
- Alta competición: De 18 años en adelante	**- Perfeccionamiento:** • Continuación del incremento de las prestaciones técnicas (perfeccionamiento técnico). • Aplicación de las respuestas adecuadas ante situaciones planteadas (perfeccionamiento táctico).

A pesar de todo esta concordancia no tiene por qué ser exacta. De hecho ocurre, en ciertos gestos técnicos (por ejemplo, el toque de dedos), que la etapa de fijación se pone en marcha dentro de la iniciación deportiva y no durante la etapa de preparación a la alta competición, tal y como figura en el cuadro anterior. Por otro lado la aparición de los gestos técnicos no se produce al mismo tiempo. Van apareciendo de forma escalonada de modo que lo aprendido en uno de ellos sirva como base cuando aparezcan otros con los que tenga algún tipo de relación. De manera que en un mismo momento y dentro de la misma etapa del entrenamiento deportivo, podemos estar trabajando en la fijación de un gesto (p.ej. toque de dedos) y en la de aprendizaje de otro gesto diferente (p.ej. caídas).

Los juegos reducidos

En este apartado vamos a estudiar el diseño e intencionalidad de los juegos reducidos en base a distintas variables como pueden ser las funciones o el tiempo:

- Respecto a las funciones o roles de los jugadores:
    1. Exclusivamente ofensivas (cooperación).
    2. Exclusivamente defensivas (oposición).
    3. Neutras o de colaboración indistinta con los dos equipos.
    4. Semioposición.
    5. Ofensivas y defensivas, alternativamente.

- Respecto al sexo:
    1. Equipos mixtos: En los deportes de cancha dividida o muro (entre los que se encuentra el voleibol), por su estructura interna y por la alternancia en el juego se garantiza cierta equidad en la participación de los jugadores. En la medida en que se aumenta el número de jugadores por grupo habrá que establecer reglas que velen por el cumplimiento de semejante propósito como, por ejemplo, alternar intervenciones entre sexos, equilibrar cuantitativamente la proporción entre géneros y cualitativamente entre los contrarios... De no ser así, se suceden las invasiones al terreno de los propios compañeros más flojos o se observa un abuso de los más capacitados en las zonas de interferencia. Algunas modalidades de deportes alternativos surgen con especial interés en paliar las desigualdades entre género y potencian la participación mixta.
    2. Segregados: La postura opuesta sostiene que las diferencias entre sexos son sustanciales y subraya la conveniencia de garantizar una participación equitativa entre los jugadores separando las actividades por sexo.

- En cuanto al tiempo:

La variable tiempo no es un factor influyente en los juegos deportivos de cancha dividida (JDCD). La única posibilidad en la manipulación de este factor es establecer un límite temporal para el transcurso del encuentro, como el caso de ciertos deportes alternativos (por ejemplo, la modalidad alemana de indiaca en la que se juegan dos tiempos de diez minutos con un descanso intermedio de cinco).

- Sobre las reglas esenciales de los JDCD:

Numerosos autores como Thorpe (1983); Santos, Viciana y Delgado (1986); Rodríguez y Moreno (1996) consideran necesaria una adaptación reglamentaria múltiple relacionada con las variables antes mencionadas (altura de la red, material móvil...) para conseguir que los principiantes peloteen con cierta continuidad. Además, sostienen que en un principio únicamente se fijarán las reglas básicas acerca del funcionamiento del juego, procediendo, por tanto, de una permisividad inicial a las restricciones propias del perfeccionamiento. Así, hemos recogido de la bibliografía revisada diversos planteamientos relativos a cuestiones reglamentarias y a su secuenciación en el proceso para facilitar el aprendizaje. A continuación reflejamos alguna de ellas:

- Con objeto de que los jugadores retornen a la posición base puede incluirse la regla de que tras cada golpe pisen un círculo pintado a tal efecto o en el interior de un aro mientras participan en el juego. Cada vez que se consigue la victoria tras cumplir dicha condición se bonifica la jugada con otro punto extra.
- Introducir tareas adicionales tras cada golpe como intercambiar un balón con los pies o hacer abdominales o flexiones de brazos incrementando el desgaste físico y complicando el requerimiento perceptivo.
- Limitar los gestos técnicos. Por ejemplo, permitir únicamente el toque de dedos en voleibol o eliminar ciertos gestos como el bloqueo o el remate.
- Determinar el número de toques o de pases permitido entre los miembros de cada equipo antes de pasar el móvil al otro campo. A menor número, se disminuye el tiempo para pensar y organizar el juego, y la probabilidad de una correcta ejecución es menor; por tanto, parece aconsejable su uso en sujetos ya iniciados. Por el contrario, a mayor número de golpes, se

incrementa la participación y se potencia la sensación del juego colectivo. Esta opción parece más adecuada para principiantes.

- Establecer el número de toques continuados por un mismo jugador.
- Variar la mano de lanzamiento. Propuesta de un trabajo ambidiestral en los deportes unilaterales.
- Modificar el tipo de gesto a utilizar simplificando los requerimientos técnicos. Por ejemplo, dejar o no agarrar el móvil antes de lanzarlo, permitir sacar de la forma que sea más fácil aunque sea anti-reglamentaria...
- Simplificar o eliminar ciertas normas.
- Bonificar con un punto extra cada vez que se logra cierta acción.
- Finalmente, apuntaremos un juego reflexivo que consiste en que cada jugador debe gritar en voz alta el tipo de golpe que planea realizar inmediatamente. Si la previsión coincide con el golpe y el jugador vence con él, será premiado con un punto extra. Los autores pretenden forzar a los estudiantes al pensamiento táctico y la construcción de juego ofensivo.

En resumen, hemos presentado un análisis de los factores que componen la esencia estructural de los JDCD, así como su posible manipulación cuantitativa y cualitativa con la determinación de promover la creación de actividades lúdicas modificadas e intencionales. Estamos convencidos de que dichos recursos asociados a una adecuada metodología inductiva favorecen el aprendizaje a nivel cognitivo, motriz y afectivo-motivacional con mayor eficacia que el modelo tradicional, especialmente, durante la etapa de iniciación deportiva en el ámbito escolar.

Ejercicios

Después de apuntar los aspectos positivos de la utilización de los juegos reducidos y de dar unas consignas para su empleo queremos mostrar unos ejercicios que sirvan como ejemplo para la posterior creación de los propios juegos reducidos por parte de los entrenadores y educadores:

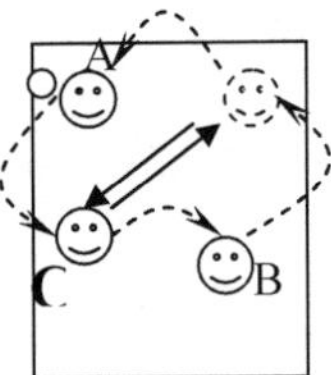

1. Con este ejercicio entrenamos sobre todo la condición física y la orientación.

Consiste en realizar pases en carrera en la dirección que indican las flechas, siempre realizando un cuadrado. El jugador C se desplaza en diagonal para golpear en las dos esquinas. También se podría intensificar ordenando a A y B hacer saltos al desplazarse, por ejemplo. Luego se intercambiarán los papeles hasta que todos hayan pasado por la posición de C.

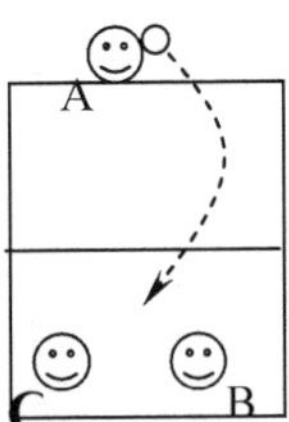

2. En este juego se practica sobre todo la estabilidad del pase y del saque.

Consiste en un juego competición 2x1 en el que el jugador A saca desde detrás de la línea a B o C, que tienen que realizar dos pases, no pueden pasar el balón directamente al campo contrario, lo cual sí puede realizar A, o hacer autocontrol y pase al otro lado, como prefiera.

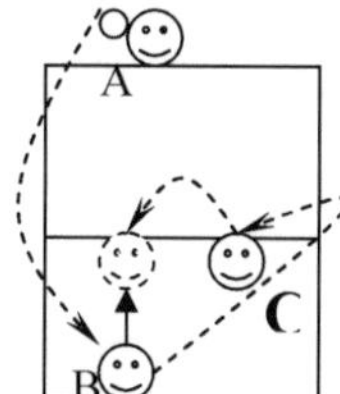

3. Este juego podría utilizarse para practicar la construcción del ataque en voleibol.

El jugador A saca a B que realiza la recepción sobre C, el cual coloca el balón para que B mande el balón a A mediante un golpe en suspensión. Podrían realizarse variantes de este juego por ejemplo cambiando las formas de servicio e incluyendo el intento de bloqueo por parte de A.

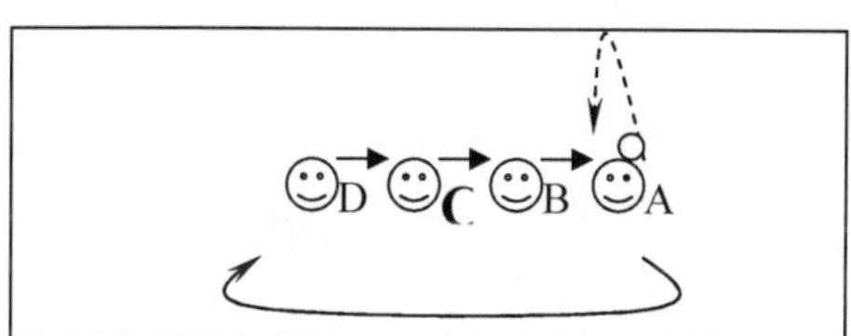

4. En este juego se pone en entrenamiento el pase vertical y lleva integrado también la condición física.

El jugador A hace un pase vertical y se desplaza al final de la fila, B da un paso a delante y realiza la misma acción que A, y así sucesivamente. Se puede aumentar la distancia en función del nivel o hacer el pase más bajo para obligar a desplazarse con mayor rapidez, por ejemplo.

5. En este juego se practica la visión de juego y el sentido táctico principalmente. Consiste en una competición de 2x2 en el interior de la línea de 3 m. con todas las reglas habituales. Podrían utilizarse variantes del número de toques o el modo en que se realizan, por ejemplo.

Estos cinco ejercicios intentan simplemente mostrar cinco ejemplos sencillos de lo que pueden ser juegos reducidos aplicados al aprendizaje y perfeccionamiento del voleibol. No son fórmulas correctas y exactas, son simplemente ejemplos, que pueden variar en función de muchos factores. Lo importante es saber interpretar las necesidades de cada grupo para poder intervenir correctamente y proponer las tareas que cada individuo o cada colectivo reclama para progresar correctamente.

Sesiones

Presentamos a continuación 3 sesiones realizadas para el aprendizaje del voleibol basadas en los juegos reducidos:

1ª SESIÓN.

Esta sesión va dirigida a aquellos individuos que entran en contacto con el voleibol. Por lo general serán niños que empiezan a descubrir la práctica deportiva, aunque puede darse el caso de que sean personas adultas que por diversos motivos no hayan tenido contacto alguno con el voleibol en su vida.

En la parte principal de la sesión vamos a trabajar el juego por parejas mediante juegos y competiciones variadas (1 con 1; 1 x 1; 1 con 1 + 1; 1 x 1 + 1) buscando los siguientes objetivos:

- Motivar por el deporte en general.
- Aumentar la capacidad motriz.
- Motivar, enganchar y poder jugar.

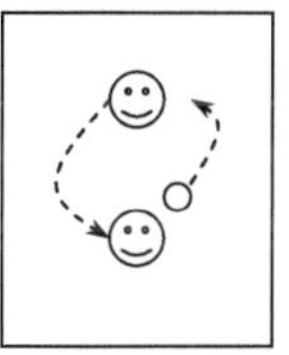

1. Colocados por parejas en cualquier lugar del pabellón empezaremos a hacer pases sin que el balón se caiga al suelo e intentando empezar por el toque de dedos. El objetivo del juego es cooperar con el compañero y buscar una continuidad de pases. Podemos hacer también una competición con las otras parejas para ver quién da más pases. Si lo hacen fácilmente incluímos movimientos de los jugadores.

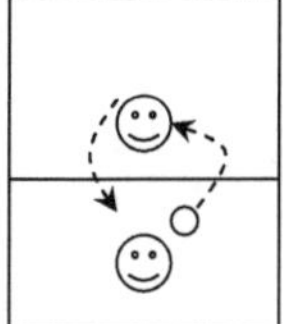

2. 1 con 1; Red baja; 1 balón.

Dividiendo la clase por parejas después de hacer un calentamiento de tipo pedagógico, cada pareja con un balón y van pasándose el balón de un lado al otro de la red, colocados cerca de ella.

Insistiremos en que primeramente lo hagan de dedos y en dar continuidad a la acción.

3. 1 x 1; Red más alta; 1 balón.

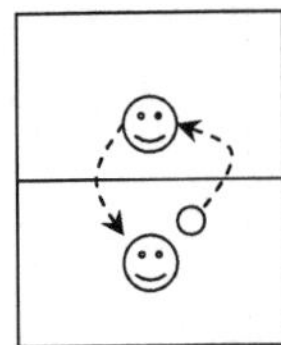

Delimitando un campo más bien pequeño, por parejas juegan dando 1 o 2 toques de dedos y buscando dificultar la acción del que ahora es contrario, para conseguir puntos y ganar el juego. Sería bueno mandar a los niños que después de llegar aun n° de puntos se moviesen por ejemplo hacia la derecha en la red para ir cambiando de parejas y favorecer así la relación social de los individuos.

4. 1 con 1 + 1; Red normal; 1 balón.

En un campo más bien pequeño jugamos con el compañero buscando continuidad. 1 jugador pasará por debajo de la red para jugar con el balón. A pasa a B que vuelve a pasar a A alto para que A mande al otro lado a C en suspensión. B pasa por debajo de la red y efectúa lo mismo con C.

5. 1 x 1 + 1; Red normal; 1 balón.

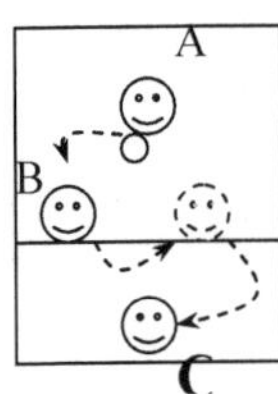

Igual que el ejercicio anterior pero en lugar de con el compañero jugaremos contra él, buscando hacer punto para ganarle. El jugador que pasa por debajo de la red intentará colocar el balón lo mejor que pueda a ambos, deberá ser neutral.

2ª SESIÓN.

Esta sesión aparece como continuación de la anterior y en ella van a aparecer los juegos entre parejas. Mediante juegos y competiciones basadas en la corrección técnica y en el que se dan posibilidades de correcciones analíticas.

(2 con 2; 2 x 2; 2 con 2 + 1; 2 x 2 + 1) buscamos la consecución de los siguientes objetivos:

- Desarrollar habilidades específicas.
- Dar autonomía en el trabajo de los alumnos.
- Crear bases técnico-tácticas.

1. En cualquier lugar del recinto nos colocamos agrupados en 2 parejas. Una pareja se pone enfrente de otra y se pasan el balón. Primeramente se pasan el balón entre una pareja y antes de dar 4 pases deben pasar a algún miembro de la otra pareja, que deberán estar atentos porque no saben cuando les van a pasar.

2. 2 con 2; 1 balón.

En un campo más bien pequeño jugaremos entre dos parejas intentando mantener la continuidad del juego, pero tocando el balón 3 veces en cada lado de la red. Un jugador de la pareja recibe pasando al otro, que coloca alto para que el primero pueda hacer un pase en suspensión al otro lado, donde realizarán la misma secuencia. Por ahora los toques siguen siendo de dedos.

3. 2 x 2; 1 balón.

Este ejercicio consiste en lo mismo que el anterior con la diferencia de que ahora juegan contra. Una pareja intentará ganar a la otra, lo que provocará que lo que antes era un pase al otro lado de la red ahora cada vez vaya evolucionando más hacia un remate ya que se busca que toque el suelo o no pueda ser controlado.

4. 2 con 2 + 1; 1 balón.

En este ejercicio jugarán dos parejas intentando dar continuidad al juego pero desarrollando una serie de toques determinados. El jugador A recibirá de dedos y pasará a C, quien colocará también de dedos para que B pueda golpear con una sola mano en suspensión. Luego recibirá al otro lado de la red el jugador D, que pasará a C, éste a E y así sucesivamente.

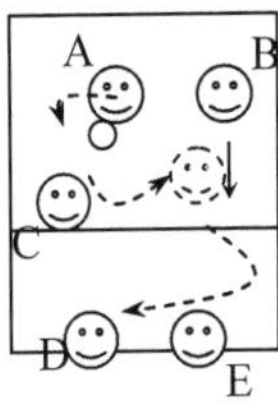

5. 2 x 2 + 1; 1 balón.

Este ejercicio es similar al anterior con la salvedad de que ahora una pareja juega contra la otra intentando ganarle. La secuencia de golpes seguirá siendo igual si es posible, pero el hecho de intentar hacer punto provocará recepciones incómodas y bajas, por lo que tendremos que recibir de manos bajas en multitud de ocasiones.

3ª SESIÓN.

Esta sesión aparece también como continuación de la anterior y en ella va a aparecer el mini 3 contra 3. En ella se realizarán juegos, competiciones y ejercicios de mayor calidad que en sesiones anteriores (3 con 3; 3 x 3; 3 con 3 + 1; 3 x 3 + 1).

Con esta sesión nos metemos un poco más a fondo en lo que es el minivoleibol en sí y buscamos la obtención de los objetivos siguientes:

- Concienciar acerca de los valores educativos del deporte.
- Aprovechar la motivación conseguida para desarrollar capacidades de jugador de voleibol.

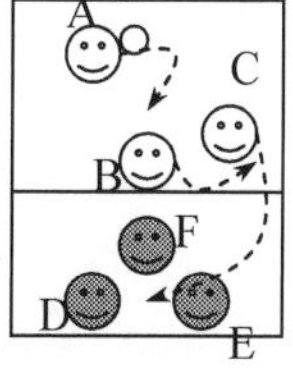

1. 3 con 3; 1 balón; (campo de juego + grande que anteriormente)

En este ejercicio se busca la continuidad y la acción de lo que podría ser una secuencia de golpes tanto en minivoleibol como en voleibol de 6 jugadores. El jugador A recibe de manos bajas y pasa a B, el cual coloca de dedos para que C pase el balón al otro lado de la red mediante un golpe en suspensión con una sola mano. Allí los jugadores D, E y F realizarán la misma secuencia de golpes.

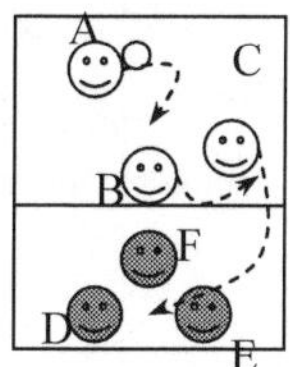

2. 3 x 3; 1 balón.

Este ejercicio es continuación del anterior ya que ahora habrá oposición entre los dos equipos y los intereses de ellos serán contrarios. Los dos querrán vencer al otro y para ello aparecerán unas primeras estrategias de equipo o tácticas. La secuencia de golpes seguirá siendo la misma que en el ejercicio anterior, pero ahora no aparecerá determinado quien toca el balón en cada toque, lo único obligatorio será que todos los jugadores de cada equipo toquen el esférico.

3. 3 con 3 + 1; 1 balón.

Este ejercicio es similar al primero de esta sesión, ya que se intenta mantener la continuidad del juego, pero tiene como punto más importante el que exista un jugador encargado de colocar siempre, a ambos lados de la red, pasando por debajo para colocarse en el lado del balón. Esto provoca que no se sepa quién va a tocar el balón ni para recepcionar ni para rematar y requiere de una ocupación óptima del espacio.

4. 3 x 3 + 1; 1 balón.

Similar al ejercicio anterior pero habrá ahora una oposición entre los dos equipos. Ambos intentarán ganar y jugarán sus bazas para hacerlo, pudiendo por ejemplo atacar al jugador más débil en la recepción o intentar bloquear ataques contrarios, etc.

5. 3 x 3 ; Competición.

Esta sesión remataría con una competición entre equipos de 3 jugadores. Se pondrían nombre a los equipos, se sortearían los partidos, los campos, el saque,etc. Sería llegar a una forma de competición reducida que sirve de paso intermedio a la competición, intentar semejar lo más posible esta competición a una competición oficial.

7. BIBLIOGRAFÍA.

"Educación Física y deportes". Revista digital

1001 exercises et jeux de Volley-Ball. E. et M. Bachmann

El voleibol y su didáctica. Profesores: M.A. Monge Muñoz; C.A. Aragundi Castro.

El voleibol. Iniciación y perfeccionamiento. Jeff Lucas

Guía de voleibol de la A.E.A.V.

Minivoleibol. Gotsch, W. 1983

Voleibol para Principiantes. Walter Hessing.

Voleibol. Günter Blume.

Voleibol. Monge Muñoz, M.A. 1997

Voleibol: Aprender y progresar. Pimenov, M.P. 1997

Made in the USA
Monee, IL
07 July 2026